本书由湖南省重点学科——湖南师范大学新闻传播学科资助出版

本书系湖南省教育厅重点科学研究项目"县级融媒体中心建设的现实困境与实现路径研究"（项目编号：19A332）的研究成果之一

县域视角下的信息传播
与信息帮扶研究

方 提 陈 婧 著

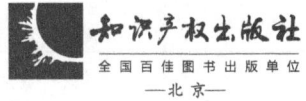

知识产权出版社

全国百佳图书出版单位

——北京——

图书在版编目（CIP）数据

县域视角下的信息传播与信息帮扶研究 / 方提，陈婧著 . —北京 : 知识产权出版社，2022.8

ISBN 978–7–5130–8306–5

Ⅰ . ①县…　Ⅱ . ①方…②陈…　Ⅲ . ①传播学—研究　Ⅳ . ① G206

中国版本图书馆 CIP 数据核字（2022）第 155778 号

内容提要

本书聚焦县域信息传播与信息帮扶研究，剖析我国县域信息传播特征、县域居民的信息需求及县域公共信息服务的难点，探索县域信息传播与信息帮扶的方略及适合县域公共信息服务的关键技术和方法，提出县域公共信息服务的实施流程和操作方式，旨在建构推动县域公共信息服务的长效机制。

本书适合新闻传播学、公共管理学、公共信息服务、政府管理的从业人员、研究者和学习者阅读使用，也可作为政府机关人员、社会科学研究人员的学习参考材料。

责任编辑 : 刘晓庆　　　　　　　责任印制 : 孙婷婷

县域视角下的信息传播与信息帮扶研究

XIANYU SHIJIAO XIA DE XINXI CHUANBO YU XINXI BANGFU YANJIU

方　提　陈　婧　著

出版发行 : **知识产权出版社** 有限责任公司	网　　址 : http://www.ipph.cn
电　话 : 010–82004826	http://www.laichushu.com
社　址 : 北京市海淀区气象路 50 号院	邮　编 : 100081
责编电话 : 010–82000860 转 8073	责编邮箱 : laichushu@cnipr.com
发行电话 : 010–82000860 转 8101	发行传真 : 010–82000893
印　刷 : 北京建宏印刷有限公司	经　销 : 新华书店、各大网上书店及相关专业书店
开　本 : 787mm×1092mm　1/16	印　张 : 13
版　次 : 2022 年 8 月第 1 版	印　次 : 2022 年 8 月第 1 次印刷
字　数 : 170 千字	定　价 : 88.00 元

ISBN 978–7–5130–8306–5

目　录

第1章 引 言

1.1 研究背景

20世纪90年代以来，随着通信技术、计算机技术和网络技术的飞速发展与快速普及，信息已成为新兴生产资源的代表。信息对社会的发展和人们的生产、生活的影响越来越大，这使大众对信息的需求和渴望越来越迫切。但是，我国县域特别是广大农村大多处于地理位置偏远地带，有些县城和乡村交通不便、经济滞后，县域信息化建设水平与发达地区的差距还很明显，城乡之间信息化发展水平也很不平衡，存在信息鸿沟。信息鸿沟加剧了信息的"贫富分化"，导致某些县城和乡村特别是其中的一些边远地区出现信息贫困问题。如何加强县域信息化建设、发展县域信息服务是信息服务领域亟须解决的问题。

针对县域信息化建设的薄弱环节，可引入信息传播与信息帮扶方法，面向县域范围提供公共信息援助。一方面信息帮扶有助于弥补县域信息化建设的短板，调动当地居民融入信息社会的积极性，形成缩小信息鸿沟的合力；另一方面信息帮扶可以推动信息全社会共享，促进信息公平。作为解决边远地区信息贫困问题的一种有效途径，信息传播与帮扶旨在帮助县域居民寻求信息权利的平等，获得更多信息资源，改变一些边远地区信息劣势的地位，将信息融入当地的生产、生活中，提升整个地区的竞争力。因此，通过引入信息传播与信息帮扶的方法来维护和发展县域的公共信息化建设十分必要且紧迫。

1.2 研究意义

1.2.1 理论意义

县域基层社会的纷繁复杂增加了公共信息服务的难度。国家全面实施乡村振兴战略，推动党的建设、经济建设、政治建设、文化建设、社会建设和生态文明建设，从而实现产业兴旺、生态宜居、乡风文明、治理有效、生活富裕。这不仅需要物质层面的援助，而且需要信息层面的帮扶，但目前学术界对于县域的信息传播与信息帮扶研究相对较少。在县域公共信息服务领域，缺乏对县域社会现实的有效考量，服务缺乏针对性，服务方式芜杂，无法满足基层民众的公共信息需求，而且还造成不少人力、物力、财力的浪费。面向县域的公共信息服务亟须宏观理论指引与系统理论观照。在理论层面上，本书积极探索信息传播与信息帮扶的相关理论，将信息传播与信息帮扶研究的重心聚焦在县域社会，在一定程度上拓展了公共信息服务理论的外延，巩固了公共信息服务理论的薄弱环节，进一步完善了公共信息服务理论体系。在政府治理理论层面，本书探索了适合我国县域社会的公共信息服务路径，以便更好地推进县域公共信息基础设施建设，进一步促进信息公开与信息公平，为建立县域范围内的新型公共服务体系提供理论指导，推进服务型政府理论和善治理论的发展与创新。同时，本书试图通过非物质型的帮扶手段来促进县域民众的信息权利，促进社会帮扶理论的深化。总之，本书运用信息传播与信息帮扶理论的融合视角，试图实现社会帮扶模式和信息服务方式的创新，进一步丰富和深化信息帮扶和公共信息服务理论体系。

1.2.2　实践意义

在公共信息服务方面，由于县域自身局限和社会多方面原因，县域信息化建设仍然薄弱，县域居民无法充分地享受公共信息服务的成果。县域公共信息传播与帮扶是信息服务向较落后地区的延伸，是提高基层公共信息服务水平的重要举措。因此，对县域居民而言，信息传播与帮扶的研究能为他们获取公共信息提供便利，有利于提高他们的信息素养和知识水平、保障和发展他们的信息权益，有助于他们完善包括信息权利在内的整体权利。面向县域的公共信息传播与信息帮扶研究，对于县域发展而言，有利于实现县域公共信息资源的全面共享，促进县域信息化建设和发展。对于县域经济而言，面向县域的公共信息传播与信息帮扶研究，有利于提高县域信息技术的普及率、弥补信息差距、缩小信息鸿沟、保障信息公平，推动信息服务业和县域信息经济的快速发展，促进县域信息化战略的落实，最终推进县域社会的全面发展。

总之，面向县域的公共信息传播与信息帮扶可提高县域内信息设备的普及率，促进信息技术传播与知识推广，缩小信息鸿沟，对加快我国县域信息化进程和实现国家信息化战略意义重大。公共信息传播与信息帮扶使政府的政策、方针、规章等信息能传播得更快、更广、更远，促进行政事务透明化，使信息公开制度落到实处，保证公共信息服务便民，有利于建立行为规范、运转协调、公正透明、廉洁高效的公共服务体系。

1.3　研究方法

本书综合运用多种研究方法，其主要方法如下。

第一，文献研究法。该研究方法主要是通过文献的查阅、整理和分析，寻找研究思路，探究研究问题。广义的文献研究法包括定性研究和定量研究，而狭义的文献研究法仅仅指定性研究。本书采用定性研究与定量研究相结合的方式，在对相关问题的文献去粗取精、做出概括和描述的同时，寻求不同文献间的逻辑关系，并深入进行逻辑推演和趋势分析、比较分析和意向分析，对文献内容进行深入研究。本书内容涉及传播学、信息学、公共管理学和社会学等多个学科的文献，包括著作、论文和政策文件等。本书分析、归纳和总结国内外有关公共信息传播与信息帮扶的文献，提炼出与信息传播、信息帮扶相关的理论，重点聚焦县域这一特定地域范围的公共信息传播与信息帮扶的现实情况，并从国家发布的有关公共信息传播与信息帮扶的政策文件等相关领域汲取知识，为展开进一步研究提供理论基础。

第二，案例分析法。该方法主要是通过深入、细致的案例过程分析，管中窥豹，得出对研究问题的新思考。本书通过对国内外县域公共信息传播与信息帮扶的一些典型案例及特色作法进行深入分析，剖析其信息传播与信息帮扶的策略体系，借鉴国内外县域开展信息传播与信息帮扶实践的先进经验，为提高我国县域公共信息传播能力与信息帮扶水平提供现实依据。

第三，比较分析法。该方法是对事物与事物之间的相似性或相异程度的研究与判断的方法，也可以理解为是一种根据一定的标准，对两个或两个以上有联系的事物进行考察，寻找其异同，探求普遍规律与特殊规律的方法。按时空的区别，可分为横向比较与纵向比较。横向比较就是对空间上同时并存的事物的既定形态进行比较；纵向比较是时间上的比较，即比较同一事物在不同时期的形态，从而认识事物的发展变化过程，揭示事物的发展规律。本书综合采用横向比较与纵向比较两种方式，在横向层面，对比研究美国、加拿大、澳大利亚及其他国家关于县域公共信息传播与信息帮扶的情况；在纵向层面，对比分析不同发展阶段公共信息传播与帮扶的政策变化与县域经济社会的发展变迁。本书试图通过多维比较分析，在多因素分层比较基础上寻求规律，探讨适合我国县域的公共信息传播与信息帮扶的最优方案。

第四，调查研究法。本研究采用问卷调查、座谈和深度访谈等方式，就县域居民公共信息需求、县域公共信息传播的现状、县域公共信息帮扶的难点、县域公共信息服务的问题等开展深入调研，为提出县域公共信息传播与信息帮扶的目标、原则、方法和长效机制打下基础。

1.4　研究内容

本书共分为七章。第一章为引言部分，介绍了"县域视角下的信息传播与信息帮扶研究"的研究背景、研究意义和研究方法等内容。第二章剖析了公共信息、信息传播、公共信息服务和信息帮扶等核心概念的内涵与外延。第三章汇总了中国、美国、加拿大、澳大利亚和英国等国家县域信息传播与信息帮扶的一些案例，介绍了近年来我国县域信息传播与信息帮扶的实际情况。第四章分析了县域公共信息传播的特征、县域公共信息需求、县域公共信息服务的难点及原因分析。第五章基于县域公共信息传播的特性，阐述了县域公共信息传播与信息帮扶的具体目标和基本原则。第六章在实践层面探索了县域信息传播与信息帮扶的方略，以及适合县域公共信息服务的关键技术和方法，提出了县域公共信息服务的实施流程和操作方式。第七章是县域公共信息传播与信息帮扶案例。

第2章 县域信息传播与信息帮扶概述

信息，即消息、音讯等。美国信息论奠基人香农（Shannon）认为，"信息是用来消除随机不确定性的东西"。信息具有普遍性、客观性、动态性、时效性、价值性、共享性和传递性等特征。作为一种广泛的社会资源，信息涉及面广、种类繁多，根据主体属性可分为公共信息与私人信息两类。与面向个人或小群体的私人信息不同，公共信息与社会大众的生产和生活密切关联，直接关系公共利益，一直是大众传播与信息服务的中心。因此，本书的相关探讨主要基于公共信息，聚焦县域内的公共信息传播与信息帮扶。尽管关于公共信息、公共信息服务方面的研究起步较早，但将信息传播、信息帮扶与县域公共信息服务相结合的研究还处于探索阶段。

2.1 信息传播与公共信息服务

2.1.1 关于信息传播的定义

传播（communication），既可以理解为单向的传递、交通，也可以阐释为双向的共享、共同等含义。关于传播的定义众多，其中比较有代表性的有以下三种。

第一，传播是传递，是信息的传递。1948 年，传播学四大先驱之一的哈罗德·拉斯韦尔（Harold D. Lassell）提出，传播就是谁通过什么渠道，向谁传递了什么内容，取得了什么效果，即著名的传播 5W 模式（图 2–1）。

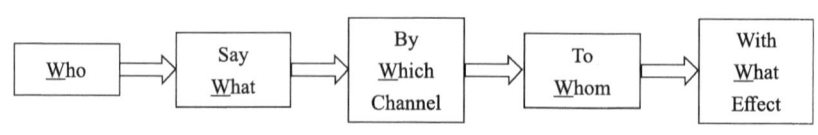

图 2–1　拉斯韦尔传播 5W 模式

传播 5W 模式简明而清晰地阐释了传播过程及其五个基本构成要素，是传播过程模式中的经典。尽管它因过于强调以传者为中心而受到质疑，后来众多学者也对其进行了各种修订、补充和发展，但大都保留了它的本质特点。这一模式也奠定了传播研究的五大基本内容：控制分析、内容分析、媒介分析、受众分析及效果分析。

"传播是信息的传递"这一定义，虽然强调了信息的客观性，却忽视了信息编码与解码过程的复杂性和传播的社会意义。比如，对方向我眨了一下眼，我看到了，但是对方是否想传递信息？为什么会传递信息？信息的意义是什么？信息中蕴含了什么意图？传者的意图与受者的理解是否一致？如果仅把传播看成信息在透明管子中的传输，这些问题显然不能得到令人满意的解答。❶

可见，信息传递中的意义编码与解码、复杂的社会语境、人在传播过

---

❶ 刘海龙 . 大众传播理论：范式与流派 [M]. 北京：中国人民大学出版社，2008：8.

程中的内在体验等，似乎是此种定义方式无法解答的问题。

第二，传播是游戏。英国学者史蒂芬森（Willian Stephenson）把游戏与传播联系在一起，从心理学的角度讨论传播与游戏的关系，提出传播游戏理论，认为"大众传播的最好一点是允许人们沉浸在主动地游戏中，也就是说它让人快乐"。● 他认为，虽然大多数传播活动具有工具性，主要功能是传递信息，但是有一部分传播本身没有传播信息的特征，传播活动本身就是目的，因为它能给人带来快乐，甚至有时候我们会忘我地投入其中，根本连快乐都感觉不到。显然，史蒂芬森传播游戏理论有其局限性，他只是抽象地讨论了消费过程中受众的快乐心理，并没有把传播置于内容的生产、流通和消费的大环境中加以考察。但是他也提醒了我们，传播不仅是外在的、工具性的，不能仅从实用的、效果的角度来思考传播，还要关注个人在传播过程中的主观感受、自我的存在与发展。●

第三，传播是共享与互动，是彼此平等交流和对话，在其中传受双方获得相互理解和共识。● 20 世纪初，美国实用主义代表人物杜威（John Dewey）曾提出过传播是共享的概念。他认为，传播就是参与一个共同的世界，大家正在共享一些东西，正在认同一些东西。詹姆斯·卡里（James W.Carey）认为："最重要的不是我们通过传播获得了什么信息，而是通过传播，我们与其他人获得了内在的联系，获得了对现实共同的理解。"●

● WILLIAN S. The Play Theory of Mass Communication [M]. New Jersey : Transaction Books, 1988 : 1.

● 刘海龙 . 大众传播理论：范式与流派 [M]. 北京：中国人民大学出版社，2008：16.

● 同 ● : 25-30.

● JAMES W C. Communication as Culture : Essays on Media and Society [M]. Boston : Unwin Hyman, 1989 : 23.

20 世纪后期，文化人类学、社群主义围绕传播、社群与文化展开了深入探讨；文化人类学研究关注一个群体成员文化的获得、维持与传播之间的密切关系，社群主义研究将目光投到群体文化传统对人们的影响上。他们都从不同的角度再次关注传播在文化和传统的形成中所具有的中心地位。

此外，关于传播的定义还有很多，如"传播是关系""传播是控制""传播是叙事""传播是弥撒""传播是权力"等。这也正好说明了传播与我们的生活密切相关，传播无处不在、无时不为，丰富多样的传播为我们的研究提供了多种可能性，这也正是传播研究的魅力所在。同时，多元化的传播定义为我们研究公共信息传播提供了多样化的视角。例如，传播5W 模式，为我们研究公共信息传播提供了基本的分析框架，即传播主体、传播内容、传播对象、传播渠道和传播效果；传播游戏理论提醒着我们，在进行公共信息传播与帮扶时，应充分考虑个人在传播中的主观感受与自我体验等；传播文化与社群视角促使我们反思公共信息传播在社会文化、传统传承等领域中的意义与价值。

2.1.2　关于公共信息的定义

尽管公共信息的相关研究众多，但研究者对其所下的定义仍然众说纷纭，对公共信息与其相关概念的认识也不一致。概括起来，这些定义可以归纳为以下两个方面。

一是从公共信息来源的角度定义。1990 年，美国颁布的《公共信息准则》将公共信息定义为联邦政府生产、编辑或维护的信息。公共信息是相对私人信息衍生出的一种信息类型。公共信息是指所有发生并应用于社会公共领域，由公共事务管理机构依法进行管理，具有公共物品特性，并能为全体社会公众共同拥有和利用的信息。❶ 美国的《田纳西州公共信息法案》指出，公共信息是在法律或法令及与官方事务联系下所收集、组织和保管的信息，包括政府部门产生的信息，以及为政府部门所生产和政府部门所拥有的信息或有权获取的信息。❷ 周伟认为，公共信息指行政主体（行政机关、法律法规授权委托的组织、来源于纳税人税款的政府财政拨款的社会团体、组织等公务法人、社会组织）在行使公共权力过程中或者在该组织职责范围内获得的信息。❸ 莫力科、王沛民把以政府为主体的一切负有公共事务管理职能的组织（行政机关,法律法规授权、委托的组织,来源于纳税人税款的政府财政拨款的社会团体、组织等公务事业法人和社会组织）在行政过程中产生、收集、整理、传输、发布、使用、储存和清理的所有信息，称为公共信息。❹ 陈红指出，公共信息是指国家的行政机关所掌管的管理国家和社会公共事务的信息。❺ 谢俊贵认为，公共信息是指所有发生并应用于社会公共领域，由公共事务管理机构依法进行管理，具有公共物品特性，并能为全体社会公众共同拥有和利用的信息。❻ 贺炎林认为，公共信息是指以市场收益为代表的、可公开免费获得的信息，不需要像私人信息那样支付信息搜寻成本。❼ 以上定义都揭示了公共信息的来源，可以归纳为两种类型：一种定义的范围较窄，将公共信息的来源局

❶　胡昌平 . 信息服务与用户 [M]. 武汉：武汉大学出版社，2008：230–235.

❷　夏义堃 . 公共信息资源管理的多元化视角 [J]. 图书情报知识，2005（2）：20–24.

❸　周伟 . 中国公共信息公开法律制度的特点、问题与发展 [J]. 行政法学研究，2002（4）：27–34.

❹　莫力科，王沛民 . 公共信息转变为国家战略资产的途径 [J]. 科学学研究，2004（3）：262–266.

❺　陈红 . 美国公共信息披露制度中的信息性质分析 [D]. 上海：复旦大学，2002.

❻　谢俊贵 . 公共信息学 [M]. 长沙：湖南师范大学出版社，2004：45.

❼　贺炎林 . 询价制下公共信息在 IPO 抑价中的作用 [J]. 经济科学，2011（6）：74–89.

限在政府部门；另一种类型的定义范围宽泛，扩展到政府以外的社会公共领域。本书比较赞同第二种观点，因为随着公共信息传播范围的拓展，以及公共信息服务的深化，公共信息的生产方式也在变革，公共信息的来源更广泛，不应局限于政府部门。

二是从公众权利的角度把公共信息限定在与公共利益有关系的信息中。1990 年美国颁布的《公共信息准则》认为，公共信息是属于公众的信息，为公众信赖的政府所拥有，并在法律允许的范围内为公众所享用。❶ 2001 年，美国图书馆与情报学全国委员会发表的权威报告《公共信息传播的综合评估》指出，公共信息是指联邦政府所创造、收集和管理的信息。公共信息的所有权是属于民众的，政府受民众的信赖而进行管理，民众可以获得除法律限制的其他任何信息。❷联合国教科文组织通信与信息部信息社会分部主任伊丽莎白·朗沃恩（Elizabeth Longworth）在 2004 年 5 月在巴黎举行的第三届政府间全民信息理事会（Intergovernmental Council for the Information for all Program Third Session）上所作的报告 "发展与促进政府公共信息的政策指导方针" 中指出，公共信息是指公众不受版权限制或者不侵犯隐私权而可以获取的信息。❸姚西科提出公共信息主要是指公益型的信息，表现在同一内容

---

❶ 司有和 . 行政信息管理学 [M]. 重庆 : 重庆大学出版社，2003 : 368–369.

❷ U. S, National Commission on Libraries and Information Science. A Comprehensive Assessment of Public Information Dissemination [EB/OL]. [2005–01–05]. http ; //www. Nclis. gov/govt/asaess/ assess. html.

❸ WHITT R S. A Horizontal Leap Forward : Formulating a New Communications Public Policy Framework Based on the Network Layers Model[J]. Federal Communications Law Journal，2004，56（3）: 596.

的信息可以为两个或两个以上的使用者使用而不需要附加任何条件。❶
杨燕绥指出，公共信息是关系人民大众利益、需要大众了解、必须依法
公开的信息。❷夏卡莉认为，公共信息是指网上公开传播的信息，其特
点是面向社会公众，与社会公共利益关系密切。❸周毅认为，公共信息
是指与公共利益、公共政策制定、公共管理制度安排和执行及公共事务
管理活动相关的信息。❹

　　本书综合了这两种视角，认为公共信息是指所有发生并应用于社会公
共领域，由公共事务管理机构依法进行管理，具有公共物品特性，与公共
利益相关的并能被社会公众共同拥有、自由利用的信息。

2.1.3　关于公共信息服务的定义

　　公共信息服务的定义是在公共信息概念界定的基础上形成的。胡昌平
认为，公共信息服务是一种开放性的信息服务，以包括各行业用户在内的
公众为对象，以提供信息发布、交流和利用服务为内容，以服务于社会为
目标的社会化服务。公共信息服务的主要承担者是公益性信息服务机构，
以国家信息机构、图书馆和包括公益性行业信息中心等机构为其主体。❺
邓胜利认为，公共信息服务是国家规划下的社会化服务，在信息化建设和

---

❶　姚西科 . 我国县级行政组织公开公共信息的义务 [J]. 河北法学，1999（5）：102–105.

❷　杨燕绥 . 国家公共安全和公民知情权——"非典"事件引起的法律思考 [J]. 清华大学学报（哲
　　学社会科学版）2003（4）：19–24.

❸　夏卡莉 . 对网上公共信息建设政策的思考 [J]. 情报资料工作，2003（1）：29–31.

❹　周毅 . 论公共信息服务的法治化 [J]. 中国图书馆学报，2016，42（4）：88–101.

❺　胡昌平 . 信息服务与用户 [M]. 武汉：武汉大学出版社，2008：230–235.

国家创新发展中，具有重要的战略地位。❶邓集文指出，公共信息服务是指政府为满足公众对公共信息的需求，通过多种途径和方法收集、加工、传输或公开公共信息的职责、行为及其过程。❷朱丽娜将公共信息服务定义为政府、公共事务部门和其他社会组织开展的包括公共信息开发、采集、加工、处理、提供与利用等一系列活动，包括信息技术服务和信息系统建设与维护等服务。❸张建彬认为，公共信息服务是指由政府提供的，用以满足社会公众公共信息需求的各种硬件和软件的集合，包括各种信息基础设施和公共信息。❹雷晓庆、李春娇指出，公共信息服务要以公众为中心，使全体社会公众能够共享和利用公共信息资源，要求提供形式多样、内容丰富的服务，包括公共信息收集、加工、存储、检索和咨询等服务，涉及公众日常所需的政治、经济、文化和社会等方方面面。❺冯惠玲、周毅认为，所谓公共信息服务是指与公共利益、公共政策制定、公共管理制度安排和公共事务管理活动等相关信息实施开放和开发服务的过程。❻何靖怡等提及："公共信息服务是指为满足所有社会成员在教育、信息获取和个人发展等方面的基本需求，由公共信息服务机构以公共、平等、免费为原则所提供的各种形式的信息资源和信息相关服务。"❼

---

❶ 邓胜利 . 公共信息服务的体制转型与组织研究 [J]. 情报理论与实践，2009（1）：18–20.

❷ 邓集文 . 当代中国政府公共信息服务研究 [D]. 武汉：武汉大学，2006.

❸ 朱丽娜 . 政府公共信息服务模式研究 [D]. 武汉：华中师范大学，2011.

❹ 张建彬 . 面向用户的公共信息服务集成研究 [J]. 图书与情报，2012（1）：114–118.

❺ 雷晓庆，李春娇 . 基于新型城镇化的公共信息服务体系构建 [J]. 图书馆学研究，2015（3）：71–75.

❻ 冯惠玲，周毅 . 论公共信息服务体系的构建 [J]. 情报理论与实践，2010，33（7）：26–30.

❼ 何靖怡，吴慧轩，刘仲茵，等 . 从《南方周末》看我国社会弱势群体公共信息服务权益观念及其发展 [J]. 图书馆论坛，2014（8）：12–16.

公共信息服务的定义界定了由谁提供了什么样的服务内容，本书认为公共信息服务是由公共事务管理与服务机构提供的，为满足社会公众公共信息需求的，包括公共信息采集、加工、处理、开发、提供与利用在内的一系列活动。

2.2　信息帮扶

2.2.1　信息帮扶的定义

信息帮扶（information assistance），又称为"信息援助"，该词的出现至今已有多年的历史。然而，由于信息帮扶研究仍处于探索阶段，且信息帮扶主客体的多样性和信息帮扶过程本身的复杂性，使信息帮扶内涵的界定一直是仁者见仁、智者见智。关于信息帮扶的定义有以下几种视角。

一是从信息帮扶的功能和帮扶形式上对信息帮扶进行了界定。例如，孙立平 2003 年在《断裂》中提出："信息援助是指由政府和社会力量免费或以较低的费用提供信息产品或服务。"❶ 2012 年，美国斯诺霍米什县在信息帮扶服务与残障人士资源中心的报告中定义了信息帮扶的部分功能："信息帮扶为老年人及其家人、照顾者和其他需要老年人信息的群体提供了一个集中的信息更新来源，信息援助的功能包括扩展、提供信息，参考，摄入筛选，跟进和向客户宣传。"❷

二是从信息帮扶的作用与目的方面对信息帮扶进行了定义。例如，谢

---

❶　孙立平 . 断裂 [M]. 北京：社会科学文献出版社，2003.

❷　Snohomish County Area Plan on Aging 2012–2015 [R]. Washington：Information and Assistance Services & Disability Resource Centers，2012.

俊贵和陈军2003年在进行数字鸿沟的研究中指出：“网络环境中信息援助是指国家、地方政府、社会组织团体等力量，根据网络环境中信息传播与利用特点，通过政府手段和市场手段的互补方式，提供技术与设施条件、信息产品和信息服务，提升信息获得、信息利用等方面能力，提高数字信息资源可获得性的一种公益性活动。”❶ 彭延炼认为：“信息援助是指政府或其他社会团体对由于经济差异、技术差异、教育差异而产生的信息贫富差异中的信息贫穷者给予知识产品、服务、技术和设备等支持和帮助，提高其获取信息和应用信息的能力，从而缩小信息贫富差距，改变掌握信息的弱势地位。”❷

三是跨学科融合论，一些学者对信息帮扶进行了跨学科的整合。有学者从社会保障的角度认为信息帮扶是社会保障体系的一个方面。例如，华凌认为：“信息援助是指由政府和社会力量免费或以较低的费用提供信息产品或服务，它应与现已存在的医疗救助、法律援助体系等互为补充，最终形成一个有效的社会保障体系。”❸ 还有学者从传播学的角度对信息援助进行了分析。例如，曾来海和陈丹英在论及大众传媒的作用时指出，“这种信息援助是大众传媒利用自身的信息传播功能，通过报刊、广播、电视和网络等主要大众传媒渠道，为农民、农民工、城市贫民、老年人、残障人士、乞丐等提供有关生产、生活和工作等多方面急需的有效信息，以帮助他们摆脱因信息的贫困或弱势而造成的脆弱与贫困状态”。❹

---

❶ 谢俊贵，陈军. 数字鸿沟——贫富分化及其调控 [J]. 湖南社会科学，2003（6）：123–125.

❷ 彭延炼. 信息援助在武陵山区建设中的作用 [J]. 边疆经济与文化，2007（2）：169–171.

❸ 华凌. 对弱势群体信息援助与支撑的理性思考 [J]. 图书馆理论与实践，2007（3）：51–53.

❹ 曾来海，陈丹英. 论大众传媒对社会弱势群体的信息援助 [J]. 新西部，2008（8）：236–237.

综合以上观点，本书认为信息帮扶是政府、企事业单位、社会组织团体等多元主体，对处于信息劣势地位的个体或群体给予信息技术、设备、产品与服务等方面的帮助与扶持，提升其信息获取与信息应用的能力，帮助其改变信息劣势地位，从而缩小信息贫富差距，最终促进全社会的信息公平。

2.2.2　信息帮扶政策

信息帮扶政策是维护信息弱势群体的信息权益，缩小信息贫富差距的重要保障。在我国，为缩小城乡之间信息鸿沟，加快推进农业与农村信息化，1994 年 12 月国家启动农村信息化"金农工程"，共投资近 12 亿元，构建农业信息网络，建立信息应用系统，打造信息人才队伍，以促进农村网络的开放互联和信息资源的开放共享；1999 年，国家在县域开展"电波入户工程"，充分利用县级广播电台、电视台，传播当地农产品信息；2000年，启动农村信息平台建设；2003 年，实施农业远程培训工程，向广大农民提供信息服务，强调对农村居民信息意识的培养；2003 年，国务院第 15 次常务会议通过《法律援助条例》，旨在获得必要的法律服务，促进和规范法律援助工作，为法律援助提供制度上的保障；2004 年，实施"村村通电话工程"，改善农村信息化基础设施条件；2005 年，启动"三电合一农业信息服务试点工程"，在试点单位建设农业 110 综合信息服务中心，推动信息进村近户；2006 年 11 月，《农业部关于进一步加强农业信息化建设的意见》明确提出，通过提高信息化水平缩小城乡数字鸿沟，加强农村信息服务建设已经成为构建和谐社会的一项紧迫任务。❶ 2006 年 9

---

❶　张新红，于凤霞. 中国缩小数字鸿沟的行动效果及对策建议 [J]. 电子政务，2008（11）：44-49.

月,《国家"十一五"时期文化发展规划纲要》中明确指出:"要切实维护低收入和特殊群体的基本文化权益,采取各种措施如政府采购、补贴等,拓展服务渠道,丰富服务内容,保障和实现城市低收入居民、残障者、老年人、农民等群体的基本文化生活需要。"❶ 2006 年以来,国家持续加大对县域的信息帮扶力度,出台了一系列面向县域的信息帮扶政策,实施了一系列的信息帮扶工程,如"农村信息化综合信息服务工程"(2006 年)、"农家书屋工程"(2007 年)、"村通工程"(2009 年)、"农业信息化建设工程"(2011 年)、"信息进村入户工程"(2015 年)、"快递下乡工程"(2016 年)等。我国国务院扶贫办信息中心主任任铁民认为:"政府应引领社会开展信息无障碍建设。"❷ 各地也积极响应中央号召,出台了各种政策,缩小城乡之间的信息鸿沟。例如,上海市政府出台了《推进上海郊区信息化工作的若干意见》,❸ 准备用 6 年时间基本消除上海地区城乡之间的数字鸿沟;北京市政府也在 2002—2007 年投资 30 亿元用于信息化建设,以消除北京市存在的数字鸿沟。❹ 在我国,面向县域、尤其是农村地区的信息帮扶政策:一是加强宽带通信网、数字电视网和互联网等信息基础设施建设;二是提升农村远程数字化、可视化信息服务技术、全球卫星定位系统、

---

❶ 白芳,刘燕 . 对公共图书馆为弱势群体服务的再思考 [J]. 农业图书情报学刊,2010(6):268–270.

❷ 任铁民 . 信息无障碍是残障人士贫困人口等弱势群体的基本发展权 [J]. 现代电信科技,2007(3):1–3.

❸ 中国新闻网 . 上海将用 6 年时间消除城乡间"数字鸿沟"[EB/OL]. [2013–08–14]. http://www.ccw.cn/HTML/Newsl/dt /inland/ 027178.asp.

❹ 杨昊 . 北京将在 5 年内投资 300 亿消除数字鸿沟 [EB/OL]. [2013–08–14]. http://www.ccw.coff.cn/htm/news/dt/ newsl/dt/inland/02–28–10.asp.

遥感和管理信息系统等信息技术应用；三是加强农村信息资源采集、数据库建设及信息员队伍建设；四是完善农村信息服务平台；五是开展农村居民利用互联网获取信息的培训等。帮扶方式包括公共救助、特殊救助、社会帮扶三种。公共救助体现在国家采取以奖代补、项目补助方式助力农村信息体系建设，以及国家出资逐步在行政村设立免费或低价接入互联网的公共服务场所；特殊救助体现在通过信息网络可以免费向农村地区的公众提供已经发表的作品，以及对返乡农民工提供免费信息咨询等。❶社会帮扶是指动员全社会力量扶助、支持、参与农村地区的信息化与数字化建设，改善农村地区的信息薄弱环节，提升农村居民的信息素养和能力。

美国是互联网的诞生地，于 1995 年开始关注数字鸿沟问题。美国政府 2000 年 2 月颁布了"从数字鸿沟走向数字化机遇"的倡议鼓励私营机构参与，提高信息技术水平，在技术服务中发挥公共及私营机构的作用，给予中下层新形式的服务，加快私营机构在城市贫困社区和偏远地区的高速网络建设，增加信息技术及其他相关领域里的就业比重等。❷美国制定了《2002 电子政务法》，制定该法案的目的是保证所有公民能够获得并使用他们所需要的政府信息和服务。❸2000 年 8 月，美国残障人士事务委员会在《缩小差距：未来十年残障人士公民权利执行的百分之十战略》报告中提出：

---

❶　中华人民共和国国务院 . 信息网络传播权保护条例 [EB/OL]. [2016–09–20]. http：//www.gov.
cn/zwgk/2006–05/29/content_294000.htm.

❷　邵培仁，张健康 . 关于跨越中国数字鸿沟的思考与对策 [J]. 浙江人学学报（人文社会科
学版），2003（1）：130.

❸　章品，赵媛 . 美国信息无障碍法律法规研究 [J]. 情报理论与实践，2010（5）：117.

（1）通过文化能力、可获得的低成本信息和培训传授技能来对抗歧视。

（2）发展多格式、多语言信息和训练系统（包括线上的和线下的）需要跨文化知识的联盟和技术专家来定义、评估并申请信息需求来克服平等的障碍。

（3）容纳所有客户的需要、保持互动、提供广泛的访问信息民权相互参照实现和执行、从消费者和用户处引出连续反馈。❶ 2010 年 10 月 8 日，美国总统奥巴马签署了"21 世纪通信与视频无障碍法案"（CVAA）。CVAA 力求促进法律与数字、宽带和移动创新等技术相适应。

在图书馆领域，1956 年美国国会通过了旨在消除城市与农村享受图书馆服务不平等问题的《图书馆服务法》，将公共图书馆服务的服务范围扩大到那些还未实施或未充分实施图书馆服务的乡村地区。❷ 1996 年颁布并于 2003 年修订的《图书馆服务和技术法》（*Library Services and Technology Act*，LSTA），指出对与特殊人群相关的项目及服务提供优先权，包括残障人群、失业人群、不以英语为母语人群、缺乏基本读写能力人群及贫困人群。❸ 从出台的一系列法律法规来看，美国很早就重视对落后地区、乡村的信息服务。

欧盟实施了"电子政务惠及社会经济地位低下人群项目"（E–Government for Low Socio–Economic Status Groups Project，ELOST）。在西方发达国家，非政府组织在促进信息帮扶的过程中发挥着越来越重要的作用，商

---

❶ National Council on disability. Closing the gap : a ten point strategy for the next decade of disability civil rights enforcemet [R]. Community Input Draft，2000（8）：1–12.

❷ 姜红燕. 中美公共图书馆弱势群体服务比较的分析 [D]. 湘潭：湘潭大学，2011.

❸ 本项目主持人. 图书馆保障弱势群体公共信息权益措施研究 [J]. 图书馆，2015（8）：53–57.

家和企业捐助了专门的基金进行帮扶。对于信息鸿沟，社区已经开始采取开展培训班，进行网络视频教学，社区发动居民捐款等措施对"信盲"进行帮扶，向政府提交建议要求进行信息基础设施建设等社区治理来减少信息弱势。❶

2.2.3　信息帮扶的途径与模式

国内学者普遍认为，信息帮扶的途径首先是要加强信息基础设施建设和信息资源建设。谢俊贵提出："要加强贫困地区的信息基础设施建设，为信息进入乡村创造条件；加强扶贫帮困数据库建设，有效地为用户提供信息服务；发展农村教育和信息培训，提高信息贫困者的信息素质；加强国际间的合作，争取联合国和信息富国的大力支持。"❷谢倩红等提出，信息帮扶的方法与途径：第一，按照普遍接入思路，加强贫困地区的信息基础设施建设，为信息进入贫困地区创造条件；第二，提供廉价实用的电脑，并切实加强扶贫帮困数据库建设；第三，在信息扶贫方面，争取联合国和信息富国的帮助，以及国内各信息富有地区的大力支持。❸彭延炼也认为："要通过加强信息援助基础设施建设，构建功能齐全、层次多样的信息援助体系，加大信息资源建设力度，完善信息援助政策配套措施，加大信息技术人才的培养力度五步措施来进行贫困山区的信息援助工作。"❹

---

❶　詹晓阳 . 基层政府面向信息弱势群体的公共服务研究 [D]. 武汉：武汉大学，2010.

❷　谢俊贵 . 社会信息化过程中的信息分化与信息扶贫 [J]. 情报科学，2003（11）：39–41.

❸　谢倩虹，石德万，朱丽珍 . 信息社会中信息弱势群体的信息行为及其援助 [J]. 河南图书馆学刊，2008（10）：54–56.

❹　彭延炼 . 信息援助在武陵山区建设中的作用 [J]. 边疆经济与文化，2007（2）：169–171.

在信息帮扶途径、策略与模式方面，石德万等提出："知识援助职业化，以创新教育模式和培养专门人才、发挥政府主导作用、政策保证、建立健全知识援助组织、建立职业准入制度等来确保服务的长久有效。"❶刘邦凡等从信息鸿沟的角度提出："信息帮扶有三个途径：发展教育事业、维护信息公平、使电子政务服务普遍化。"❷张俊玲提出："实施知识援助的新制度，由政府和社会力量免费或以较低的费用提供信息服务。"❸李明文认为，大众媒介在信息帮扶中应做到具体援助："提供政策和信息援助，保障传播权，同时提升信息素养，并完善利益表达机制。"❹常文英、刘冰提出网络环境中的信息帮扶策略："信息需求分析；制定具有倾向性与指导性的信息援助政策；加强信息基础设施建设，提供多层面技术支持；发挥各类信息资源建设机构在信息资源体系建设中的核心作用，构建公益性、社会化数字信息资源体系；构建信息援助和信息保障平台；建立多层次、多渠道的公益性信息能力培训体系，提升社会公众的信息意识和信息能力。"他们同时指出："政策是导向、设施是基础、内容是核心、服务是条件、能力是关键。这五方面共同构成信息援助的基本模式。"在此模式中，以基本信息需求为基础，各方根据其主导援助内容提供相应的援助与服务，提出了网络环境中信息帮扶基本模式图，如图2-2所示。❺

---

❶ 石德万，李军，贺梅萍.论信息弱势群体知识援助的职业化 [J].图书馆建设，2010（2）：97–100.

❷ 刘邦凡，王栋，侯秀芳.我国服务型政府建设中的数字鸿沟问题及其对策 [J].科技管理研究，2009（3）：61–63.

❸ 张俊玲.面向"信息弱势群体"的公共图书馆人文关怀 [J].图书馆，2007（6）：68–69.

❹ 李明文.大众媒介对弱势群体的信息援助 [J].当代传播，2010（2）：26–28.

❺ 常文英，刘冰.网络环境中信息弱势群体信息援助模式与策略研究 [J].情报杂志，2011（5）：152–155.

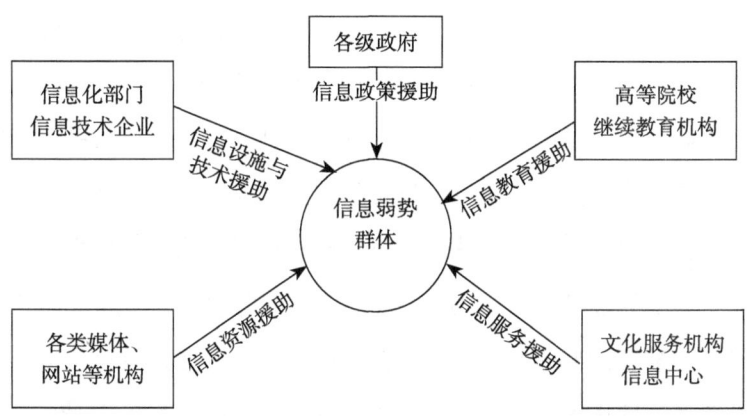

图 2-2 网络环境中信息帮扶基本模式 ❶

图书馆领域的研究者也在摸索利用图书馆作为信息帮扶平台的方法，并采取了相关措施。例如，早在一百多年前，1884 年任芝加哥公共图书馆馆长的威廉·F. 普尔（William Frederick Poole），1892 年任纽约州立图书馆馆长的杜威（Dewey），先后采用商店作为图书馆流动站，为偏远地区公民特别是农民开展图书馆服务。❷ 1897 年，美国国会图书馆就成立了盲人阅览室，为盲人提供盲文书籍和音乐资料；1905 年，佛罗里达州杰克逊维尔公共图书馆针对黑人建立了专门的阅览部，还重点发展了与此相关的各种资料和文献。❸ 1931 年，美国国会图书馆专门成立了"全国盲人和身体障碍者图书馆服务处"，专门指导盲人服务工作的开展。第一次世

---

❶ 常文英，刘冰.网络环境中信息弱势群体信息援助模式与策略研究 [J]. 情报杂志，2011（5）：152-155.

❷ 肖雪，王子舟.国外图书馆对弱势群体知识援助的历史与现状 [J]. 图书情报知识，2006（3）：21-29.

❸ 侯汉清.外国图书情报界人物传略 [M].太原：山西省图书馆学会，1984.

界大战后，由于大量伤残士兵的存在，美国开展了针对医院患者的图书馆服务。❶ 在国内，李富林等认为高校图书馆可利用信息、人才方面的优势，采取信息内容援助、导读、信息技能培训等多种方式对农村居民进行信息帮扶。❷ 陈晓对公共图书馆提供信息帮扶服务的原因、重要性、意义等进行了阐述，并且提出了信息帮扶的集体措施和应对策略。❸ 林辉提出由图书馆施行的信息帮扶措施："提供相关政策和信息的援助；加快信息基础设施建设，为被援助群体平等地获取信息提供条件；加强教育和培训，提升需援助群体的信息素养；提倡人性化服务，给予特殊关怀。"❹

---

❶ 姜红燕．中美公共图书馆弱势群体服务比较的分析 [D]．湘潭：湘潭大学，2011.

❷ 李富林，原小玲．数字环境下高校图书馆对农村居民的信息援助 [J]．晋图学刊，2011（1）：27–29.

❸ 陈晓．公共图书馆为信息弱势群体服务研究 [J]．图书馆界，2008（2）：44–52.

❹ 林辉．试析图书馆对弱势群体的信息援助 [J]．现代情报，2008（11）：35–38.

第3章　国内外县域信息传播
与信息帮扶现状

从全世界范围来看，尽管各国之间信息化水平存在差异，信息传播能力、信息扶持力度、信息帮扶手段与方式也千差万别，但是大多数国家都比较重视对边远地区及信息贫困人群的公共信息传播与信息帮扶。本章着重探讨了中国、美国、英国、澳大利亚、加拿大及其他国家县域信息传播与信息帮扶的现状。

3.1　美国县域信息传播与信息帮扶情况

3.1.1　推动边远地区的互联网建设

实现互联网全覆盖是缩小信息贫富差距的第一步。通过城乡宽带网络的全面建设不仅可以改善城乡之间信息获取不平等的状况，也有利于边远地区及时获取公共信息。美国的宽带计划以联邦政府为主导，联合各州、县、社区组织，向乡村、学校、社区、家庭和图书馆逐层建立宽带基础设施以确保项目的平衡发展。宽带建设基本覆盖各州后，美国国家电信部门逐步提高宽带服务率，以保证乡村居民获得高质量的信息服务。针对乡村与边远地区宽带普及率低的情况，美国 21 世纪初期公布了"国家宽带计划"。在此计划中，联邦政府电信部提出促进包容性的建议，以确保所有美国人都能获得宽带所提供的机会。❶美国宽带建设的实施过程主要分为三个阶段。

1. 开始建设阶段（2008—2010 年）

在 2008 年颁布的农业法案中，美国政府已经认识到在农村地区建设宽带的重要性。在美国农村地区部署宽带有利于处于边缘地区的居民有效地获取信息。❷2009 年 2 月 17 日，奥巴马签署了"美国复兴与再投资法案"（*American Recovery and Reinvestment Act*，ARRA）。❸该政策"将寻求确保所有美国人都能获得宽带能力"，并为达到该目标建立基准。❹ARRA 的宽带条款总共提供了 72 亿美元，用于宽带拨款、贷款与赠款。其中，47 亿美元用于宽带技术项目（赠款），25 亿美元用于美国农业部宽带计划项目（贷款与赠款）。2009—2010 年，美国在部署宽带基础设施、促

---

❶ Roadband Internet Access and the Digital Divide：Federal Assistance Programs[EB/OL].[2016–12–28]. https：//fas.org/sgp/crs/misc/RL30719.pdf.

❷ Connectred Nation，The Economic Impact of Stimulating Broadband Nationally [EB/OL]. [2008–02–13]. http：//www.connectednation.com/_documents/Connected_Nation_EIS_Study_Full_Report_02212008.pdf.

❸ American Recovery and Reinvestment Act – ARRA [EB/OL]. [2009–02–17]. https：//www.hitechanswers.net/about/about–arra/.

❹ 同❸.

进全国宽带部署和普及方面取得了较大进展：电信服务市场规模持续扩大，乡村、部落与边远地区对网络高速服务的订购量持续增加。尽管美国总体投资于 2009 年年底有所放缓，但对宽带基础设施的投资依然强劲。

2. 新问题出现与调整阶段（2010—2015 年）

2010 年，美国的宽带基础设施建设已经基本完善，但美国的宽带计划在实施过程出现了以下三个方面新问题。

（1）宽带部署不合理，存在部分乡村地区居民服务欠佳的情况。

（2）订购成本高，大约有 1/3 的美国居民不订购宽带服务。

（3）在农村地区，近 1/4 人群无法获得固定宽带服务。

针对上述问题，联邦通信委员会（Federal Communications Commision，FCC）采取了以下措施。

（1）改革电子收费计划，为学校、图书馆和农村医疗保健提供网络布线、电信和互联网服务。

（2）改革服务基金和运营商补偿系统，以更好地激励运营商服务于低水平社区的宽带部署并为之提供更多的带宽。

（3）通信公司联合 FCC 开发下一代有线和无线服务。美国联邦通信委员会对其通用服务项目进行了全面改革，包括美国宽带部署、流动资金基金和低收入美国人项目。

经过调整后，部署不合理、订阅率低、成本高等问题有所缓解。2012—2014 年，美国宽带的总体采用率呈逐渐上升的趋势，具体情况见表 3–1。

表 3–1　美国宽带的总体采用率（2012—2014 年）❶

单位：%

不同区域	2012 年	2013 年	2014 年
美国	11	29	37
非城市核心区域	11	28	33
城市核心区	11	30	40

3. 继续发展阶段

2016 年 1 月，美国的宽带建设已经基本覆盖城乡地区，但是联邦通信委员会指出，乡村、部落与边远地区的宽带服务质量并不高。3400 万人缺乏 25Mbps（下载速度）/3Mbps（上传速度）的宽带，39%的农村人（2300 万人）缺乏 25Mbps/3Mbps 的宽带，41% 生活在部落领地的美国人（160 万人）缺乏 25Mbps（下载速度）/3Mbps（上传速度）的宽带。美国的宽带服务采用率如表 3–2 所示。

表 3–2　2016 年美国 4Mbps/1Mbps 和 10Mbps/1Mbps 的宽带服务采用率 ❷

单位：%

不同区域	4Mbps/1Mbps	10Mbps/1Mbps
美国	56	52
非城市核心区域	49	45
城市核心区	62	58

---

❶　2016 Broadband Progress Report [EB/OL]. [2016–01–19]. https : //apps.fcc.gov/edocs_public/attachmatch/FCC–16–6A1.pdf.

❷　同❶.

这些数据说明，美国在网络基础设施建设方面尽管取得了一些成果，但依然存在发展的瓶颈，公共信息服务仍旧任重道远。

3.1.2　开展针对县域的公共信息帮扶项目

美国针对县域地区公共信息帮扶的典型项目有以下三种。

1. 美国印第安人国会（National Congress of American Indians，NCAI）的信息鸿沟弥补工程

2000 年 6 月，NCAI 获得了一项来自美国在线 /时代华纳基金会提供的资助，以帮助印第安部落首领尝试弥补他们交流中的信息鸿沟。NCAI 的数字鸿沟工作组正为发展战略合作的部落提供有关促进技术访问、教育培训和经济发展的政策建议。Indiatech 的网站建设就是其中的成果之一。

2. 美国亚利桑那大学的"知识河流"项目

美国最穷困、受教育最少的就是西班牙裔美国人与印第安裔美国人。"知识河流"（Knowledge River，KR）项目于 2003 年发起，是为了改变西班牙裔美国人与印裔美国人的信息弱势现状，倡导人是亚利桑那大学教授帕特里夏·塔林（Patricia Talyn）。"知识河流"现在作为亚利桑那大学的一个研究中心，致力于研究与西班牙裔和印第安裔美国人有关的信息资源与技术。它作为一项美国的国家项目，植根于西班牙裔美国人和印裔美国人有着深厚历史渊源的地区。在信息时代，寻

求那些私人与公共系统的合作者来帮助西班牙裔美国人与印第安裔美国人获取公平的社会地位。❶

3. "学习爱丽丝" 提供的有声读物库

"学习爱丽丝"（Learning Ally）是在美国全国运营的非营利志愿者组织。❷ 截至 2015 年，"学习爱丽丝"的有声读物库拥有超过 8 万本图书、图表、插图，包括 K–12（幼儿园到高中的基础教育统称）和大学的核心课程教科书，涵盖了各个专业和学科。它是世界上最大的有声书籍图书馆。有声读物库的教科书和文字标题统一由叙述者数字记录，并以专门的格式在可下载的音频文件中产生。这种音频格式允许用户通过章节或页码设置书签、加快播放等来导航他们的有声读物。播放设备也有多种选择，可以选择播放设备，如 iPad、iPhone 和 iPod Touch，以及使用装有"学习爱丽丝"软件的安卓智能手机和平板电脑。苹果操作系统或微软操作系统可兼容播放下载的音频教科书，也可以在如 Plextalk，Humanware Stream 和 Intel Reader 等辅助技术设备上进行播放。每年约有 2500 名"学习爱丽丝"的志愿者通过在学习社区的工作室叙述书籍标题、内容，或者在家用电脑远程记录书籍信息，并且负责音频的编辑、撰写图像描述、筹款和许多其他志愿者活动。"学习爱丽丝"所提供的数字有声读物库被美国公共图书馆广泛使用，运行机制建设也很完善。

---

❶ 严贝妮. 援助信息群体，跨越信息鸿沟：美国亚利桑那大学"知识河流"项目的思考 [J]. 图书馆杂志，2008（12）：58–61.

❷ Learning Ally [EB/OL]. [2017–9–10]. https：//en.wikipedia.org/wiki/Learning_Ally.

3.2　英国县域信息传播与信息帮扶情况

3.2.1　建立广泛合作关系，提供多样化信息帮扶

在公共信息服务基础设施方面，英国制订了"哥伦比亚计划"，将200 万美元的投资用于最新的卫星互联网技术项目，目的是使乡村和偏远的不列颠哥伦比亚人能用上可靠的高速互联网。为了让贫困人口获得使用互联网的机会，英国曼彻斯特在精减成本的基础上进行了一项通过光纤的超高速服务，即能够达到 100 兆每秒。❶ 政府不是公共信息帮扶的唯一提供者，一些非政府组织和社会慈善机构在英国公共信息传播与帮扶中发挥着重要作用。它们相互合作，以便更好地提供公共信息帮扶服务。例如，2001 年，英国莱斯特政府官员与卫生和志愿部门合作加入了莱斯特残障信息网络（Leicester Disability Information Network，LDICN）项目，并于 2003 年 7 月正式启动该项目。❷ 该项目旨在为莱斯特地区有学习障碍的人及有身体和感官障碍的人建立创新的信息咨询网络，合作伙伴有保健信托、莱斯特信托、精神健康和学习障碍信托、地方卫生机构和志愿部门组织、聋人中心、视障人士的组织、护理机构、莱斯特郡综合生活中心、自愿行动莱斯特用户组。在英国公共信息援助中，政府与志愿部门合作，一起帮助那些因各种原因造成信息障碍的人们建立信心、提升数字能力。

---

❶　Gov.uk.Government Digital Inclusion Strategy [EB/OL]. [2014–09–17]. https：//www.gov.uk/government/ publications/government–digital–inclusion–strategy/government–digital–inclusion–strategy.

❷　BOELTZIG H，PILLING D. Bridging the Digital Divide for Hard–to–Reach Groups [D]. UK：City University London，2007.

此外，英国政府也通过建立强有力的伙伴合作关系来进行信息帮扶。政府推出了数字包容战略，规定了跨部门组织的合作原则。❶GOONUK 是一家跨行业的数字技能慈善机构，其主要活动有以下三项：一是在英国西北、英国东北和北爱尔兰这三个地区推出数字技能课程；二是创建数字技能网络平台；三是举办数字技能峰会。政府与该机构的9 个董事会合作伙伴一起研究有效的数字技能计划。同时，还有一些其他公司也参与到英国公共信息援助中。比如，谷歌通过与英国就业与养老金部（Department for Work and Pensions，DWP）、国家职业服务部门、威尔士和苏格兰职业技能发展部门的合作计划，向英国的所有人提供 5 小时的免费数字技能培训。目前，该计划已经覆盖了 10 万多名英国人。❷Tinder 基金会是一家致力于数字技术领域的非营利性社会企业，Tinder基金会的目标是支持社区合作伙伴更方便地使用数字技术。英国的公共图书馆也与慈善机构和私人部门（英国电信和巴克莱公司）合作，以改善被社会和数字排斥的居民的生活。以上这些组织提供的公共信息帮扶各有特点，同时彼此间又相互合作。

在英国公共信息服务中，不同组织提供的信息服务既保留自己的特色又相互合作，以此提升服务质量。英国启动哥伦比亚计划时，政府与Xplornet 通信公司和当地安装商合作建设卫星互联网，为偏远的不列颠哥伦比亚省居民提供资金援助，最高提供 50% 的安装费用，费用金额最

---

❶ Greater London Authority. A Digital Inclusion Strategy For London [EB/OL]. [2015–01–18]. https : //www.london.gov.uk/sites/default/files/a_digital_inclusion_strategy_for_london.pdf.

❷ Gov.uk.Digital Skills And Inclusion – Giving Everyone Access to the Digital Skills They Need [EB/OL]. [2017–03–01]. https : //www.gov.uk/government/publications/uk–digital–strategy/2–digital–skills–and–inclusion–giving–everyone–access–to–the–digital–skills–they–need.

高可达 250 美元。老年人住宿公司（Elderly Accommodation Company,
EAC）牵头启动针对老年人的 First Stop 项目时，与其他一些国家和地方
机构进行了合作，积累了丰富的专业知识。First Stop 主要的合作伙伴是
英国的护理协会、学习和网络协会及一些基金会。EAC 主要的资助者包
括大型的彩票基金会、社区和地方政府部门（Department for Communities
and Local Government，DCLG）及救济委员会，EAC 委托 DCLG 和救济
委员会为其提供资金和管理本地的信息服务。通过这些措施，EAC 已经
与 25 家多当地组织建立紧密的合作关系。利兹图书馆为了加强老年人、
残疾人、失业者和退休人员的信息技术能力，与成人社区学习服务组织
（Adult Community Learning Services，ASCL）进行合作并得到诸如 Sky
Bet、Aql、Call Credit、EMIS 和 TPP 等信息公司及大型公司，如 Asda、
DLA Piper、NHS 和金融服务公司的支持。这样既可以丰富公众信息技术
学习的课程，也可以保持多对一的灵活性。❶

3.2.2　加强教育和技能培训，提高信息获取的能力

英国公共信息帮扶的内容，主要涉及日常交流、沟通、发送电子邮
件、购物，以及访问政府网站以参与政治生活和了解自己的权益等。为了
缓解英国的数字鸿沟问题，英国政府在 2008 年 1 月任命了第一位数字包
容方面的内阁大臣并制订了一个 70 点的行动计划，为实现数字包容开展
了一系列的服务项目。主要措施有鼓励公众使用互联网进行沟通、交流及

---

❶ Gov.uk.Digital skills and inclusion – giving everyone access to the digital skills they need [EB/OL].
[2014–05–01]. https：//www.gov.uk/government/publications/uk–digital–strategy/2–digital–skills–
and–inclusion–giving–everyone–access–to–the–digital–skills–they–need.

指导公众进行网上购物等，以此促使互联网与人们的生活联系得更紧密、并鼓励他们使用互联网。英国莱斯特残障信息网络（Leicester Disability Information Network，LDICN）这一项目主要提供计算机和网络培训，使有学习障碍和有身体感官障碍的人能够通过 LDICN 网站进行咨询与讨论。英国苏格兰坎登市为了帮助老年人通过数字化的方式联系彼此和他们的后辈，于 2002 年推出计算机培训服务，为坎登市 50 岁以上的老年人提供电脑和互联网培训服务。❶坎登市还开发了许多服务，主要有老年初学者的计算机入门指南——这是一个针对老年初学者的十周课程，每个老年参与者都有详细的训练笔记。坎登市也提供了更高级的课程，如在线访问公共服务指南、数字摄影初学者指南、Skype 初学者指南和在线社交网络的老年初学者指南等。目前，英国坎登市已经进行了一系列的计算机培训服务，涵盖了几乎各类主题，如网上购物、预订旅游、与家人和朋友保持联系、打字和创建文件等。

2011 年，英国有 56% 的人缺乏基本的数字技能。为了解决这个问题，英国政府依靠其资助的慈善机构和在线协作网络（Online Collaborative Network，OCN，由 5000 多个社区组织组成）为用户提供基本的数字技能培训。❷所有的学习中心都位于便利的地方，如公共图书馆、社区中心，

---

❶ OECD. Digital inclusion : How Age UK Camden helps older people to connect [EB/OL]. [2003–03–28]. https : //www.oecd.org/ governance/observatory–public–sector–innovation/innovations/ page/digitalinclusionhowageukcamdenhelpsolderpeopletoconnect.htm#tab_lessons.

❷ Chun–ho Research Office Information Services Division Legislative Council Secretariat.Digital inclusion in Hong Kong and the United Kingdom [EB/OL]. [2017–01–23]. http : //www.legco.gov. hk/research–publications/english/essentials–1617ise08–digital–inclusion–in–hong–kong–and–the– united–kingdom.htm.

甚至是购物中心、酒吧或咖啡厅。此外，好事基金会于 2013 年 4 月与国家卫生服务（National Health Service，NHS）联合推出了数字参与计划（World Digital Participation Programme，WDPP），特别关注难以触及的社区。WDPP 提供面对面的交流支持，帮助边远社区的居民学习数字技能，处理与医疗保健和医疗服务有关的问题。

3.2.3　采取具有针对性的帮扶措施

英国采取了具有针对性的方式提供信息帮扶服务。为了让贫困人口获得使用互联网的机会，英国针对格拉斯哥贫困地区的西惠特劳恩制订了社区计划，将光纤铺设到 112 个新住宅中。例如，针对低收入家庭的儿童，英国政府在 2009 年启动了"家庭接入计划"（Home Access Plan，HAP），向有孩子（7~14 岁）的低收入家庭提供赠款来购置一台电脑。针对老年人，英国坎登市的慈善机构与坎登市政府合作，为坎登市的老年人提供电脑和互联网培训服务，使他们能够访问公共网站并进行网上交流。英国伦敦曾组织年轻人训练老年人以提高他们的数字技能；同时举行各种科技茶聚会，为老年人提供一对一的支持，以此增强他们使用互联网的信心。这些措施可以让他们知道如何在网上获取公共服务，如利用政府网站获取公共信息并进行咨询、与家人朋友保持联系等。在县域信息援助方面，英国政府认识到超高速宽带对经济增长至关重要，因此英国政府启动了英国宽带传输（Broadband Delivery United Kindom，BDUK）项目，以扩大英国各地的宽带接入，并推进移动设备的推广。BDUK 的目标是将宽带扩展到更难以到达的地区，并希望能建立社区中

心，使其可以由社区自行扩展。❶

Itsolu 是一家专注创新的企业，它与慈善机构泰晤士河 Reach 公司合作实施一项为无家可归者提供翻新笔记本电脑和培训的项目。据估计，英国每年有 200 万台电脑被废弃。该项目的首要任务是把它们变成当地社区的宝贵资源，将废弃电脑进行翻新，并提供给那些最需要它们的人。伦敦泰晤士达公司的首席执行官杰里米斯温认为，这些电脑将为无家可归者提供机会，让他们有机会与朋友和亲戚交流，发展新的兴趣，以提高他们的技能，使其拥有更美好的就业前景。❷

3.3 澳大利亚县域信息传播与信息帮扶情况

3.3.1 推行多元主体协同帮扶模式

澳大利亚在提供公共信息帮扶的过程中，多方主体实现了多种帮扶方式的相互配合、相互补充。信息帮扶的政策制定主体主要是政府；资助资金提供的主体主要有澳大利亚中央政府、残障委员会、儿童安全与残障者社区、司法部和法律从业者。政府、社区及社会主体等根据自身优势相互配合、相互协作，共同推进信息帮扶事业。例如，澳大利亚在

---

❶ TOWNSEND L. Enhanced Broadband Access as A Solution to the Social and Economic Problems of the Rural Digital Divide [EB/OL]. [2013–08–08]. http ://journals.sagepub.com/doi/abs/10.1177/02690 94213496974.

❷ Governance International. Digital Inclusion : How Age UK Camden Helps Older People to Connect [EB/OL]. [2015–12–01]. https ://www. oecd.org/governance/observatory–public–sector–innovation/innovations/page/digital inclusion how age uk camden helps older people to connect. htm#tab_implementation.

多元主体的积极配合下为有脑损伤、精神或智力方面有缺陷的弱势人群提供法律信息咨询，在信息内容上予以协同互补，在帮扶方式上予以分工合作。❶

3.3.2　社区是信息帮扶的主要单元

社区是澳大利亚实施公共信息帮扶的主要单元，不仅每个社区都有非常重要的信息帮扶功能，而且不同社区之间还能形成功能互补。比如，澳大利亚 Ipswich 和 Toowomba 两个社区都提供民事和家庭法律领域的信息咨询服务，但服务内容上互相补充。Ipswich 社区主要是帮助当地民众获得所需要的相关法律信息，具体体现在以下三方面：首先，Ipswich 社区准备相关法庭文件来帮助那些要上法庭的弱势人群；其次，Ipswich 社区还提供免费的个人法律咨询，成立家庭法律问题信息讨论小组；最后，Ipswich 提供有关老年人被虐待或受到金融欺诈等方面的法律支持服务。而 Toowomba 社区为残障者提供法律和辩护，也委派律师向残障人士解释应有的法律权利、义务和权益保障措施，还为残障者提供法律宣传。两个社区的公共信息援助各有特色，互为补充。

3.3.3　优化信息服务质量是信息帮扶的重中之重

澳大利亚作为一个发达国家，在关注公共信息需求的同时，也力图提供更高质量的信息服务。澳大利亚的一项调查发现，老年人由于学习的困难，信息技术的压力越来越大，导致他们都不愿意学习计算机软件。澳大

---

❶ Pricewaterhouse Coopers. Advocacy and Support Centre，Toowoomba [EB/OL]. [2014–02–03] http : //www.tascinc.org.au/.

利亚通过为老年人提供免费的技术培训，以帮助来自多元文化背景的老年人上网，面对老年人多样化的语言背景，技术培训课程提供包括阿拉伯语、希腊语、意大利语等多种语言形式，涵盖了从网购、沟通软件使用、社区活动到防范诈骗等各种各样的话题。❶澳大利亚通过优化辅导技巧、教学策略、讲授方式来提高信息帮扶的质量。

澳大利亚面对残障信息服务缺乏的问题，制定了残障服务法，要求地方政府必须制定和执行残障信息服务计划，以确保残障者能够获得信息服务和信息设施。在图书馆方面，澳大利亚规定必须为残障读者进入图书馆提供技术援助，以确保残障群体与其他社会成员平等接触。澳大利亚的大部分图书馆都配备了不同种族背景和语言专长的青年员工和老年员工。这些员工组合可以方便不同语言背景、不同年龄阶段的居民平等地访问并获取图书馆信息资源。

3.4 加拿大县域信息传播与信息帮扶情况

3.4.1 完善县域公共信息服务设施

加拿大不断充实服务资源，努力完善服务设施。在公共基础设施方面，加拿大政府采取了补贴政策，对网络建设进行补贴，以缩小网络覆盖面和实际支付能力差距，为基础设施投资不足的社区提供高容量和配备合理的设施，确保所有加拿大人都能使用高速的互联网络。除此之外，加拿大政府提议建立网络可访问的技术开发项目。该项目由私营企业、非

---

❶ Tom O，Dea. How we're bridging the digital divide and upskilling older Australians [EB/OL]. [2015–04–05]. http：//exchange.telstra.com.au.

营利组织和研究机构共同资助，以开发新的辅助设备和技术，如屏幕阅读器、可选键盘和可刷新的盲文显示技术。这一举措让加拿大人更容易地参与到数字经济中去。加拿大数字化战略的目标是将所有加拿大人纳入其中，通过组建或利用现有的无障碍领域咨询专家组最大限度解决数字化战略的实施障碍，为加拿大政府提供加强信息与通信技术（Information and Communications Technology，ICT）创新的咨询意见。加拿大政府为支持信息创新而发起的所有行动都包括了无障碍环境方面的要求，并且涵盖专家咨询委员会关于无障碍设施的建议。加拿大广播电视委员会（Canadian Radio and Television Commission，CRTC）作为一个监管机构，通过获得政府授权对加拿大的电子商务实行监管。为了消除数字鸿沟，加拿大 2017 年最新的预算计划为未来 5 年一个新数字扫盲交流项目提供 2950 万美元经费的支持。❶ 该项目支持非营利组织教授基本数字技能的活动，如包括如何在公共图书馆、贫民窟和老人家庭中安全有效地使用互联网。该项目侧重低收入人群和家庭，以及老年人。

3.4.2　健全组织确保县域公共信息帮扶的规范有序开展

为使居民能够平等而体面地参与社会生活，不因生理障碍、信息贫穷等原因而使生活受困；为确保公共信息帮扶有序规范地开展，加拿大政府多年来致力于制定和完善社会保障制度，并涌现出了许多帮扶组织，形成了经济、教育和法律等多方面的信息帮扶项目。

1984 年，加拿大非盈利组织奈尔斯夸尔协会（Neil Squire Society，

---

❶　Budget Plan. Chapter 1–Skills，Innovation and Middle Class Jobs [EB/OL]. [2017–03–22]. http：//www.budget.gc.ca /2017/docs/plan /chap–01–en.html.

NSS）成立，其主要通过宣传、研究和开发计算机辅助技术及其他创新技术和服务，以消除互联网访问的差距性。此组织总部设在加拿大不列颠哥伦比亚省，并在蒙克顿、弗雷德里克顿、渥太华和里贾纳设有办事处。NSS 提供就业计划、电脑辅导、在线服务和信息辅助技术解决方案。

加拿大新移民的语言教学中心（Language Instruction for Newcomers to Canada，LINC）是由加拿大移民、难民局和公民资助的免费项目，主要教授弱势移民群体基本的沟通技巧。例如，如何用英语阅读和写作及生活技巧，以帮助弱势移民群体适应在加拿大的生活。课程主要包括美国手语、英语素养、阅读和写作和日常生活技能。

3.4.3 降低县域公共信息服务成本

网络服务的可负担能力是影响加拿大城乡信息资源不公平的重要因素，也是影响加拿大县域居民获得公共信息服务的关键因素。为保障城乡间的信息公平，降低县域居民的获得公共信息的成本，加拿大公共部门和私营部门采取了一些措施。学校、图书馆等机构通过公共 Wi-Fi 网络将更多的用户纳入互联网。这种公共访问方式对于那些县域居民无法承担移动无线服务或宽带的低收入人群来说至关重要。实施税收抵免优惠政策是提高低收入家庭负担能力的有效办法。在供应商方面，加拿大政府通过创建奖励来鼓励网络提供商增加网络容量，为其用户节省费用。在用户端方面，为降低民众的负担，加拿大政府通过社会服务和援助社区的社区组织向低收入家庭分发优惠券，节约低收入家庭的服务成本。除此之外，加拿大公共部门采取了竞争政策，制定信息市场的监管措施，协调利益变化和结构性变化，来保护公众的合法权益。

3.5　中国县域信息传播与信息帮扶情况

近年来，中国数字乡村建设工作不断推进，带动农村互联网普及率进一步提升，县域公共信息传播的基础设施建设不断完善。"十三五"期间，中国工业和信息化部联合财政部组织实施了六批电信普遍服务试点，支持13 万个行政村通光纤和 5 万个 4G 基站建设，全国行政村通光纤和通 4G 比例均超过 99%。农村互联网基础设施的不断完善，让城乡互联网接入鸿沟逐步消弭，但在网络应用的深度与广度方面城乡鸿沟依然存在。同时，农村数字化治理效能不断提升，"互联网 + 政务服务"平台加快延伸至乡镇，部分地区已建立较为完善的"电子村务"平台，方便村民随时随地关注和监督村务情况。❶

截至 2020 年 12 月，现行标准下 9899 万农村贫困人口全部脱贫，三大攻坚战取得决定性胜利。为支持巩固脱贫攻坚成果，中共中央、国务院印发《关于实现巩固拓展脱贫攻坚成果同乡村振兴有效衔接的意见》，提出要健全防止返贫动态监测和帮扶机制，采取有针对性的帮扶措施，加快推进农业数字化转型、大力谋划建设通信网络等基础设施，继续发挥在支持脱贫地区乡村特色产业发展壮大和改善脱贫地区基础设施条件方面的作用持续。调查显示，广大网民认可互联网能"让脱贫地区群众更方便地获取工作、社保、医疗等信息"的比例达 36.9%，认可互联网能"通过远程教育为脱贫地区的孩子提供优质学习资源"的比例达 35.8%，认可互联网能"通过电商帮助脱贫地区群众扩大农产品销售"的比例达 27.9%，认

---

❶　中国互联网信息中心. 第 48 次《中国互联网络发展状况统计报告》[EB/OL]. (2021–09–15) [2022–02–16]. http://www.cnnic.net.cn/hlwfzyj/hlwxzbg/hlwtjbg/202109/t20210915_71543.htm.

可互联网能"汇集广大网民的力量为脱贫地区群众提供帮助"的比例达22.1%。❶

3.5.1 持续实施"缩小数字鸿沟"行动

"村村通工程"是中国政府实行的一项民生工程，同时也是一项旨在帮助中国广大县域地区传播信息、缩小信息鸿沟的政府建设工程。"十一五"期间，中央共发放财政资金64亿元，联合地方政府配套财政资金，为21.7万个行政村和近亿的农村人口的解决了通广播、电视和电话"三通"问题，为农村广播电视公共服务体系建设奠定了基础。❷

2002年10月，科技部等推出了"缩小数字鸿沟—西部行动"的计划。该计划希望通过开发、利用切合西部地区实际情况的信息技术和信息产品，为西部地区信息化建设提供技术支持。通过选取试点和科学示范，在西部地区逐步推广应用信息技术，使广大西部地区能够获得和利用各种信息资源和享受信息服务；争取在3~5年内，也就是2008年在选取的试点进行的示范取得阶段性的成效；在计划实施的10年内，初步缓解西部地区存在的信息鸿沟问题。为实施这一计划，科技部投资2亿元，联合西部12个省区的政府提供的配套资金，积极帮扶西部地区解决数字鸿沟问题。❸ 2006年11月，《农业部关于进一步加强农业信息化建设的意见》明确指出，通过提高信息化水平缩小数字鸿沟。

---

❶ 中国互联网信息中心. 第48次《中国互联网络发展状况统计报告》[EB/OL].（2021—09—15）[2022—02—16]. http：//www.cnnic.net.cn/hlwfzyj/hlwxzbg/hlwtjbg/202109/t20210915_71543.htm.

❷ 詹晓阳. 基层政府面向信息弱势群体的公共服务研究 [D]. 武汉：武汉大学，2010.

❸ 中国互联网信息中心. 第48次《中国互联网络发展状况统计报告》[EB/OL].（2021—09—15）[2022—02—16]. http：//www.cnnic.net.cn/hlwfzyj/hlwxzbg/hlwtjbg/202109/t20210915_71543.htm.

2014 年 3 月，中国政务信息无障碍行动组委会发起了"美丽中国——中国百城政府政务信息无障碍行动"和"美丽中国——中国百家主流网络媒体信息无障碍行动"，主要项目：一是，建立网站信息无障碍交流体系，将所有网站网页进行标准化改造，通过与国际标准接轨，支持残障者（特别是盲人）无障碍访问系统各网站。二是，提供在线语音、盲人读屏和人机语音互动等多种无障碍在线服务；三是，信息的全媒体影音服务，带来全新的获取信息体验及轻松便利的操作方式，提供了更加便捷的智能化的无障碍服务。❶

为了缩小区域性的信息鸿沟，解决卓尼、舟曲两县服务信息"最后一公里"的难题，甘肃省启动了县域信息公共服务网络工程，成立了农业信息服务中心。省农牧厅信息中心和其他政府相关部门组织了多次调研和考察，确立了工程建设的基本任务和目标，配发了 30 个村级信息点所需的仪器设备和省农牧厅制作的"村级信息采集点"匾牌。针对当地基层信息工作人员缺乏技能的问题，省农牧厅信息中心对其进行了电脑技能和信息知识的培训。为了扩大公共信息服务的范围，卓尼县信息中心还编写了《卓尼经济信息导报》。❷

根据农业农村部发布《2021 全国县域农业农村信息化发展水平评价报告》显示，"十三五"期间，农业农村信息化发展取得显著成效，农村网络基础设施明显改善，农业生产信息化稳步推进，乡村治理数字化成效凸显，信息化服务加快普及，发展环境持续优化，数字乡村建设迈出实质性步伐，为"十四五"期间推进农业农村信息化快速发展、助力乡村全面振兴打下了坚实基础。

❶ 宋文．信息时代弱势群体公众信息服务平台建设 [J]．图书馆学刊，2006（6）：81–85．

❷ 周龙轩．卓尼农村公共信息服务网启动 [N]．甘南日报（汉文版），2007–3–1．

3.5.2 全面推进数字乡村建设

党的十八大以来，以习近平同志为核心的党中央作出了一系列重要的战略部署，提出并实施了数字乡村战略，全面推进数字乡村建设，数字乡村发展迈出了历史性步伐、取得了阶段性成效。自 2018 年中央一号文件首次提出"实施数字乡村战略"，中央一号文件连续五年都对建设数字乡村作出了明确指示和部署。

2018 年 1 月，中央一号文件《中共中央 国务院关于实施乡村振兴战略的意见》首次明确提出，实施数字乡村战略，做好整体规划设计，加快农村地区宽带网络和第四代移动通信网络覆盖步伐，开发适应"三农"特点的信息技术、产品、应用和服务，推动远程医疗、远程教育等应用普及，弥合城乡数字鸿沟。2018 年 2 月，中共中央、国务院印发的《乡村振兴战略规划（2018—2022 年）》提出，要夯实乡村信息化基础，实施数字乡村战略，加快物联网、地理信息、智能设备等现代信息技术与农村生产生活的全面深度融合。2020 年 1 月，农业农村部、中央网络安全和信息化委员会办公室印发《数字农业农村发展规划（2019—2025 年）》，随后浙江、江苏、湖南、广东等 22 个省相继出台数字乡村发展政策文件，政策体系更加完善，统筹协调、整体推进的工作格局初步形成。2020 年 7 月，根据《中共中央 国务院关于抓好"三农"领域重点工作确保如期实现全面小康的意见》《数字乡村发展战略纲要》和《2020 年数字乡村发展工作要点》的要求，中央网信办、农业农村部、发展和改革委员会、工业和信息化部、科学技术部、国家市场监管总局、国务院扶贫办印发《关于开展国家数字乡村试点工作的通知》，统筹部署开展国家数字乡村试点工作，明确数字乡村的工作目标；确定 117 个县（市、区）为首批国家数字乡村试点地区。到 2021 年年底，试点地区数字乡村建设取得明显成效，城乡数字鸿沟明显缩小，乡村数字经济快速发展，农业生产智能化、经营网络化水平大幅提高。依托互联网开展的农村创业创新蓬勃发展，乡村数字治理体系基本完善，乡村公共服务体系基本建立，乡村网络文化繁荣发展。2022 年 1 月，中央网信办等十部门联合印发《数字乡村发展行动计划（2022—2025 年）》，对"十四五"时期数字乡村发展作出部署安排。行动计划部署了数字基础设施升级行动、智慧农业创新发展行动、新业态新模式发展行动、数字治理能力提升行动、乡村网络文化振兴行动等八大行动；根据行动计划，到 2023 年，数字乡村发展取得阶段性进展；网络帮扶成效得到进一步巩固提升，农村互联网普及率和网络质量明显提高，农业生产信息化水平稳步提升；到 2025 年，数字乡村发展取得重要进展。2022 年 2 月，中共中央、国务院发布的《中共中央　国务院关于做好 2022 年全面推进乡村振兴重点工作的意见》再次强调：大力推进数字乡村建设，加强农村信息基础设施建设，加强农民数字素养与技能培训；以数字技术赋能乡村公共服务，推动"互联网政务服务"向乡村延伸覆盖；着眼解决实际问题，拓展农业农村大数据应用场景；加快推动数字乡村标准化建设，研究制定发展评价指标体系，持续开展数字乡村试点工作。

3.5.3　建立智能化的公共信息帮扶平台

随着信息社会的来临，中国政府越来越重视数字建设，并通过网络、手机等数字资源为公众提供信息帮扶，积极开展智能化的公共信息帮扶平台建设。在国家层面，工业和信息化部搭建了国家信息无障碍公众服务平台，提供无障碍服务和支持，主要包括桌面服务、读屏专用、在线读屏、阅读补偿和语音操作五种公共信息服务。❶农业农村部搭建了全国农业科教云平台，聚集各类农业科技培训资源，为各级农业管理部门、农业专家、农技推广人员和广大农民提供在线学习、互动交流、成果速递和服务对接，让农技推广插上信息化的翅膀，让广大农民搭乘"互联网+"的快车。文化部搭建了国家公共文化数字支撑平台，汇集分散在图书馆、文化馆、美术馆、博物馆等公共文化机构中的数字文化资源，形成全国公共数字文化资源云目录，提供"一站式"应用服务，实现按需下载、个性化推送；至 2020 年年底，文化共享工程各级分支中心、50% 的县级以上文化馆接入平台、50% 的乡镇基层服务点能够依托平台提供公共数字文化服务。国家还开展了数字图书馆推广工程服务平台建设，推进公共图书馆基础设施提档升级，完善专网建设，加快实现基层图书馆互联互通；同时，持续推动面向特殊群体的数字图书馆建设，进一步完善公共图书馆残障人士数字化服务内容和保障措施，建立和完善残障人士阅读服务体系，为残障人士提供无障碍数字图书馆服务，保障残障人士获取信息、学习知识的文化权利。

全国各地政府也积极开展面向县域的公共信息帮扶平台建设。比如，江苏省根据现阶段新型农业信息服务平台建设数量不多、质量不高、信息资源采集利用覆盖面小、信息技术在农业上的应用差、业务工作网络水平低，以及农业信息化工作意识还不够强等方面的问题，在建设信息服务平台方面，一是加强"江苏为农服务网"建设；二是加强惠农短信系统建设；三是加强"12316"三农热线服务工作站建设，在促进农产品网上销售方面充分发挥江苏省优质农产品营销平台的作用。在农业信息

---

❶ 宋文. 信息时代弱势群体公众信息服务平台建设 [J]. 图书馆学刊，2006（6）：81–85.

技术方面，江苏努力发展精准农业、智能农业及加快远程视频系统建设，在农民的网络科技培训上，利用各类农业网站，特别是为农服务网来提高县域居民科技素养，在信息管理方面健全管理制度，规范信息服务内容等具体化的政策规范来促进本地区农业信息化发展。湖南省政府专门为特殊人群如老年人、残障人士、妇女、儿童设立信息服务板块，主要提供法律法规、信息材料、服务指南、服务机构信息等方面的信息服务。地区级的政府提供具体化的公共信息服务内容，如小龙潭监狱信息化网络平台与互联网安全连接，实现监狱内部信息无障碍流通，以及信息资源共享，达到公共信息服务得到最大化利用。湖南省还建设了湖南农村公共文化信息服务网络平台——湖南文化信息网站，为县域居民提供文化信息服务。

许多公共图书馆建立了移动信息平台，为读者提供有关生活保障、医疗、养老、就业等方面的信息服务。此外，各级医疗机构也建立了医疗信息网络平台，促进医疗信息的互联互通，为老人、工人等提供免费的咨询援助服务。中国的公益组织也比较重视公共信息帮扶；如关注儿童教育事业的有中国儿童少年基金会，比较注重贫困地区、少数民族地区的儿童少年教育福利事业。公益组织还制定了旨在救助贫困地区失学女童重返校园的社会公益活动"春蕾计划"。中国青少年发展基金会实施了以帮助贫困地区儿童完成学业、改善办学条件和促进基础教育事业发展为目标的希望工程项目。中国红十字会也实施了"博爱助学计划"。

3.5.4　开展多样化的县域公共信息帮扶项目

伴随社会的信息化进程，为缩小城乡信息鸿沟，保障县域居民、特别是农村居民平等地享有信息权益，实现全社会网络的开放互联和信息资源的开放共享，中国政府自 1993 年启动信息化建设"金字系列工程"以来，实施了一系列面向县域的信息帮扶项目（表 3–3）。

表 3–3　我国面向县域信息帮扶的部分项目汇总

启动时间	项目名称	主要任务
1995 年	金农工程	构建农村信息网络，建立信息应用系统，打造信息人才队伍
1998 年	广播电视村村通工程	致力于 20 户以上自然村的广播电视覆盖建设及无限覆盖问题
1999 年	电波入户工程	充分利用县级广播电台、电视台，播放当地农产品产销信息
2001 年	农业信息网建设、信息培训员培训计划	建立农业信息网络，培训一批懂技术的信息人才
2003 年	农业远程培训工程	向广大农民提供信息服务
2004 年	村村通电话工程	改善农村信息化基础设施条件
2005 年	三电合一农业信息服务试点工程	在试点单位建设农业 110 综合信息服务中心，推动信息进村进户
2006 年	农业综合信息服务工程	推动信息技术的应用与普及
2006 年	信福工程	全称为"新农村商务信息服务体系建设工程"，支持涉农网站和专门数据库建设，培训信息员，进行农村商务信息服务体系建设
2007 年	信息化村示范工程	完成十万村庄建站（选择 10 万个行政村建设信息服务点）、百万村官在线（通过整合面向农民的培训资源，培训 100 万名信息员）、千万农民上网（帮助辅导 1000 万农民通过互联网获取服务信息）
2007 年	农业科技 110 信息服务	推动信息在农村的低成本、高效率传播
2007 年	农村书屋工程	在行政村建立书报刊、影像电子产品等公益性文化设施
2009 年	村通工程	利用现代信息技术更好服务新农村建设

续表

启动时间	项目名称	主要任务
2011 年	农业信息化建设工程	建设农业综合信息服务平台、共享农业信息综合数据库
2014 年	农产品批发市场信息化提升工程	加强农产品电子商务平台建设
2014 年	高素质农民培育工程	重点面向新型农业经营主体带头人和返乡涉农创业者，以提高生产经营能力和专业技能为目标，开展农业全产业链培训，促进农民创业创新
2015 年	信息进村入户工程	加快农村信息基础设施建设和宽带普及，推进信息进村入户
2015 年	现代农业大数据工程	实现农业农村信息综合服务、农业资源要素数据共享等信息服务
2015 年	农村电子商务百万英才计划	增强农民使用智能手机的能力
2016 年	快递下乡工程	完善农村物流体系，为农村电子商务发展牵线搭桥
2016—2020 年	公共数字文化建设工程	推动基层公共文化机构数字化建设，构建互联互通的公共数字文化服务网络，打造公共数字文化资源库群，加强资源保障。到 2020 年年底，公共图书馆、文化馆和基层综合性文化服务中心基本实现无线网络覆盖，全国县级以上公共图书馆均具备数字图书馆服务能力，全国 50% 以上的文化馆具备数字文化馆服务能力，文化信息资源共享工程基层服务点实现提档升级。推进贫困地区公共数字文化设施提档升级
2019 年	信息进村入户工程	全面推进益农信息社建设，优先覆盖贫困地区，特别是"三区三州"、革命老区等深度贫困地区，信息服务逐步辐射所有贫困村，实现普通农户不出村、新型农业经营主体不出户就可享受便捷高效的信息服务
2020 年	开展国家数字乡村试点工程	至 2021 年年底，试点地区数字乡村建设取得明显成效，城乡数字鸿沟明显缩小，乡村数字经济快速发展。
2021 年	智慧广电固边工程、智慧广电乡村（城镇）工程、"三区三州"广电融合提升工程	推动广大农村地区新一代信息技术应用，新业态新模式新场景得到广泛拓展，基本实现广播电视由功能型向智慧型转变。移动优先战略取得重要突破，基本实现由"户户通"向"人人通"升级发展。智慧广电公共服务优质高效、普惠便捷，基本实现城乡广播电视基本公共服务均等化

资料来源：中国政府网，农业农村部、工业和信息化部、商务部、文化和旅游部网站等。

各地区、各部门认真贯彻落实"互联网＋现代农业"、农业农村大数据发展、数字乡村发展战略等重大部署，开展多样化的县域公共信息帮扶项目，积极推进县域农业农村信息化稳步发展。限于篇幅，下面介绍几种有代表性的县域公共信息帮扶项目。

1."中国科技信息扶贫能力建设"项目

2001 年 2 月 21 日，中华人民共和国科学和技术部与联合国开发计划署（The United Nations Development Programme，UNDP）合作开展了"中国科技信息扶贫能力建设"项目。❶ 该项目是由联合国开发计划署提供援助，由科技部中国农村技术开发中心、商务部中国国际经济技术交流中心具体执行和实施。利用先进信息通信技术，在中西部县域贫困地区开展的全新科技扶贫项目。该项目针对我国贫困地区科技信息的接收能力和反馈能力较弱、信息观念比较淡薄、信息资源缺乏、信息服务滞后和传输手段落后等问题，通过人才培训、建立多种科技信息扶贫示范推广模式，点面结合，加强对贫困地区部分县、乡、村基层组织的信息能力建设和科技信息服务。这一信息扶贫项目已经在中国河北武安、陕西榆林、安徽霍山、重庆潼南和河南商城 5 省 5 县 10 个乡镇 20 个项目村建立了 37 个服务网站，7749 户贫困农户、29226 个贫困人口直接受益。❷

2. 送书下乡工程

为了解决中西部地区的贫困人口对知识、信息的需求，重点解决贫困地区县图书馆、乡镇图书馆（室）藏书贫乏、购书经费短缺的问题，由

---

❶ 谢俊贵 . 信息分化与信息扶贫 [J]. 学术论坛，2003（1）：124–126.

❷ 张芳 . 我国数字援助的现状与对策 [J]. 图书馆学刊，2008（9）：1–3.

文化部、财政部共同实施，国家图书馆具体承办了"送书下乡工程"。该工程目标是自 2003—2005 年，文化部、财政部向 300 个国家级扶贫开发工作重点县图书馆和 3000 个乡镇图书馆（室），赠送农村适用图书 390 万册；每年为每个县图书馆送书 1000 册，3 年合计 3000 册；每年为每个乡镇图书馆（室）送书 330 余册，3 年合计 1000 册。财政部每年为送书下乡工程安排专项经费 2000 万元，3 年共安排 6000 万元。对工程实施办法、配送图书的选书原则和内容、受赠图书馆（室）条件进行了规定，同时成立了送书下乡工程全国图书配送中心。❶

3. 农村书屋工程

"农家书屋工程"是五大文化惠民工程之一。农家书屋是为满足农民文化需求，建在行政村且具有一定数量的图书、报刊、电子音像制品和相应阅读、播放条件，由农民自主管理、自我服务的公益性文化场所。农家书屋工程 2005 年开展试点工作，2007 年全面推开。在党中央、国务院的领导下，在中宣部、财政部等有关部门的大力支持下，在地方各级党委、政府的全力推动下，至 2012 年，共建成农家书屋 60.0449 万家，覆盖了全国具有基本条件的行政村。截至 2012 年年底，中央和地方财政共计投入资金 120 多亿元。其中，中央财政下拨资金 58.56 亿元，地方财政投入资金 61.68 亿元。全国共计配送图书 9.4 亿册、报刊 5.4 亿份、音像制品和电子出版物 1.2 亿张。农民人均图书拥有量达到 1.13 册。在农家书屋工程补充更新阶段，财政按照每个书屋 2000 元标准安排农家书屋补充资金，各地农家书屋每年补充图书不少于 60 种。在中央补助地方农村文化建设专项资金中，每年有 6 亿元用于农家书屋补充更新。农家书屋初步解决了 8 亿农民群众读书难、看报难的

---

❶　高俊书．图书馆与农村文化扶贫 [J].农业图书情报学刊，2005（7）：83–85.

问题，促进了城乡基本公共文化服务均等化，丰富了农民群众精神文化生活，被农民群众形象地誉为"农民致富的学堂、农村文化的殿堂、农村学生的第二课堂"。❶

4."12348"法律信息援助热线

法律信息援助指政府提供法律救助渠道和法律信息，并为其减免费用，从而保障公众的合法权益。边远地区的民众由于受教育水平较低，知识获取途径匮乏，没有获取法律信息的便捷方式和获得法律信息服务的便捷途径，因此难以解决法律问题。许多市建立了法律信息援助网，并开通了法律咨询热线，提供法律咨询，宣讲法律知识，咨询法律信息等服务。2014 年 11 月，陕西省法律援助信息管理服务平台正式投入使用，该平台由 12348 法律援助专线电话服务管理系统、法律援助信息管理服务系统、可视协调指挥督查系统和陕西法律援助网组成，可通过电话、网络、邮件、短信和微博等方式自助申请法律援助事项，查询相关法律法规，实施网上投诉等。❷ 除此之外，我国各高等法律院校都设有自己的法律援助机构，如武汉大学设有"社会弱者权利保护中心"，中南财经政法大学设有"法律援助与保护中心"等，提供法律信息及无偿法律援助服务。

5. 福建"信息民生"应用工程

该工程主要包括四个方面内容：加快建设信息网络基础设施；提升项

---

❶ 农家书屋工程简介 [EB/OL].[2015–4–28].https：//www.zgnjsw.gov.cn/booksnetworks/contents/403/250517.html.

❷ 成全勃 . 陕西省法律援助信息管理服务平台启用 [N]. 陕西日报，2014–11–30（1）.

目推广无线城市建设应用；加快县域和城市社区信息化；提高卫生信息化水平，全年预计总投资 63 亿元。截至 2012 年 5 月 31 日，福建省新增光纤入户 71.6 万户，城市地区 20Mbps 带宽覆盖率达 86.6%，95.9% 的农村地区接入带宽达到 2Mbps，15 个试点小城镇能提供 20Mbps 以上的接入带宽。"福建省无线城市群公共服务平台"运行良好，仅 2012 年 5 月就新增用户 12 万户。目前，该平台登陆用户达到 490 万户，访问量累计达 1.2 亿人次。2012 年 5 月底可完成基于手机的党员远程教育平台迁移，并开通手机客户端软件；6 月初挑选部分社区进行试运行，积极推广应用"世纪之村"等多样化农村信息化服务经验和运营模式。社区信息化正在有序推进中。福建省通信部门与卫生厅广泛合作，联合推动二级以上医院开展"无线数字医疗"。目前，全省已有 476 个建制村接入卫生信息网络，36 家三级医院、123 家二级医院、131 家二级以下及未评级医院实现预约挂号服务。❶

6. 武陵山区建设中的信息援助

武陵贫困山区信息资源存在信息占有总量不足、传播渠道单一、接受能力低下、信息资源开发滞后等问题，影响了山区新农村建设的步伐。❷武陵山区建设中的信息援助旨在增强贫困山区农业核心竞争力，通过建立信息中心和基层信息服务站，完善信息援助服务体系，构建信息流动网络，让县域居民急需的信息辐射到千家万户，辐射到农业产业化各个环节，辐射到农村的各个角落，引导县域居民自发使用各种有效信息，解决生产和

---

❶ 福建省通信管理局 . 福建省加速实施"信息民生"应用工程 .[EB/OL].[2012–5–30]. http：// www.miit. gov .cn/n11293472/ n11293832/n11293907/n11368244/14635551.html.

❷ 彭延炼 . 信息援助在武陵山区建设中的作用 [J]. 边疆经济与文化，2007（2）：169–171.

经营上的问题，并将这些信息进一步转化为生产力，从而促进贫困山区经济的全面发展。❶

7. 安徽大别山区信息扶贫工作

安徽大别山地区是著名的革命老区，包含霍山县、金寨县、金安区，裕安区、潜山、岳西和太湖 7 个县（区）。安徽大别山各地方政府建设信息平台"中国星火计划网安徽站"网站，扶持农村信息中介，通过"农村远程教育系统"，做成了 3000 多个课件，给包括乡村干部和农民在内超过 10 万人进行远程信息技术和信息知识培训，提高信息普及率。❷

3.6 其他国家和地区县域信息传播与信息帮扶情况

3.6.1 提供信息获取的入口

一些国家专门制定了支持信息服务的法律与政策。例如，日本的数字经济和信息通信技术战略政策议程是基于一系列的政策：信息通信技术（ICT）发展战略、信息通信技术 MIC 白皮书和成为世界上最先进的信息通信技术国家宣言等。❸ 欧盟数字经济和信息通信技术的战略议程是基于一系列由欧盟委员会（European Commission，EC）制定的政策

---

❶ 彭延炼. 试论武陵山区新农村建设中的信息援助机制 [J]. 图书馆，2007（6）：93–95.

❷ 沈周高，张承祥. 安徽大别山区信息扶贫工作思考 [J]. 中国农业学报，2009（5）：283–286.

❸ EU–Japan Centre for Industrial Cooperation.Digital Economy In Japan and the Eu–An Assessment of the Common Challenges and the Collaboration Potential [EB/OL]. [2015–05–08]. http : // cdnsite.eu–japan.eu/sites/default/files/publications/docs/digitaleconomy_final.pdf.

文件：欧洲 2020 年的数字战略议程、大联盟的数字工作和数字市场等。许多国家为公共信息帮扶提供经费支持。例如，北爱尔兰的"Go ON NI"项目财政部门提供资金为北爱尔兰公民提供数字技能服务，政府提供补贴和赠款以改善县域地区的数字基础设施。德国为了给难民提供公共信息服务，由联邦政府公民教育机构和联邦政府部长和联邦政府移民、难民的专员提供资金。

　　提供信息帮扶的首要条件是让公众拥有信息获取的基本条件。因此，加强网络基础设施建设，以此来减少边远地区民众信息获取的接入壁垒显得尤为重要。许多国家为县域偏远地区人群提供信息服务时，十分重视电信基础设施、卫星通信等数字基础设施建设。如在北爱尔兰地区，通过提供赠款和补贴来改善数字基础设施，使宽带可用性、转出率和速度提高了95%，用户可以访问 1.5Mbps 以上的宽带。克里斯库珀提出要让社区拥有自己的数字基础设施并免费连接，鼓励社区建立一个实施数字基础设施建设的公司。❶日本是一个山脉众多、地震频繁的国家，还有许多岛屿。卫星通信对于建立地区接入网络非常有用，能提供广覆盖和高速数据传输。日本的一项新兴技术——宽带卫星通信，是解决日本宽带接入尚未达到或无法达到的信息鸿沟的重要解决方案。❷ 2001 年，日本国家空间发展署在日本战略政策的指导下，实施了宽带网络工程测试和示范卫星项目。根据该战略日本开发了一种新的卫星通信系统，以提供超高速互联网（最高1.2Gbps）。它不仅有助于解决日本的地区信息差距问题，而且还能缓解亚

---

❶　BENNEET M. Digital Inclusion in RuralAreas [EB/OL]. [2016–09–01]. http：//digileaders.com/digital–inclusion–rural–areas/.

❷　OTANI S. Social，Cultural and Economic Issues in the Digital Divide – Literature Review and Case Study of Japan [EB/OL]. [2005–08–20]. https：//spacejournal.ohio.edu/Issue5/social3.html.

太地区的数字鸿沟。2015 年，意大利为了向县域偏远地区的人们提供信息服务启动了国家超宽带计划——下一代接入网络战略（Strategia Nazionale per la Banda Ultra–Larga，SNBUL），此计划的总体目标是国家开发一种面向未来的电信基础设施，开发一个高速接入网络，以解决县域偏远地区的数字鸿沟问题。❶

3.6.2 着力提高大众信息能力

在当今数字化的大背景下，提高信息获取的能力是提供信息帮扶的重要举措之一。例如：全球移动通信系统协会（Global System for Mobile Communications assembly, GSMCA）2018 年 3 月推出的 Tech4Girls 计划，为年轻女性举办实践教育研讨会，旨在提高她们对技术的自信心和兴趣，鼓励他们在科学、技术、工程、艺术设计和数学（STEAM）方面寻求教育和职业发展。"北爱尔兰在给县域偏远地区的人们提供公共信息服务、解决数字鸿沟问题时，得到了来自图书馆及社区商务的支持。此外，Go ON NI 项目为北爱尔兰县域边远地区的人们提供数字技能服务，开展网络培训和信息意识方面的培训，并提供一对一的指导。❷该计划实施四年间使这些边远地区的互联网用户增加了 14%，达到了 81% 的新高。❸

---

❶ EUROPA. Country information – Italy [EB/OL]. [2014–01–06]. https：//ec.europa.eu/digital–single–market/en/country–information–italy.

❷ BENNEET M. Digital Inclusion in RuralAreas [EB/OL]. [2016–09–01]. http：//digileaders.com/digital–inclusion–rural–areas/.

❸ 同❷.

3.6.3　采取有针对性的帮扶方式

信息帮扶的对象往往是多元的，因此其信息需求也必然是多样的。为此，各国在进行信息帮扶时之前，需要了解不同用户的特征，再根据其特征采取有针对性的帮扶方式。如为了实现所有人都能自由地获得旅游目的地信息、产品和服务的目标，日本提出了无障碍旅游，使残疾人、老年人等可以无障碍地访问旅游网站。❶

此外，美国巴德公司为残障人士提供了一项基于网络的服务（Braille and Audio and Reading Download，BARD）。借助这项服务，盲人和身体残障者可以从国家图书馆网站上下载音频和阅读材料，还可以访问数以千计的特殊格式的书籍、杂志和音乐。❷ BARD 根据残障人士的兴趣从国家图书馆广泛的收藏中选取适合的书籍和杂志，其中有数以千计的音频和盲文小说和非小说类作品可供使用，还包括非英语版本。国家图书馆会定期增加新的主题，包括越来越多的本地制作的材料。残障读者在电脑上下载的 ebraille（电子布莱叶盲文）材料可以打印出来或借助盲文显示器进行阅读。

一些发达国家比较关注公共信息帮扶活动，公共信息服务制度是比较全面的。一方面，在政策制定过程中，政策保障的对象上注意多元化，政策服务内容也是全方位的；另一方面，在政策执行过程中，出台相互配套的适合本地区发展的相关政策。在制度建设方面，不少发达国家已经将公

---

❶　Disabled World. Disabled World Travel：Accessible Disability Travel Information [EB/OL]. [2015–03–02]. https：//www.disabled –world.com/travel/.

❷　NLS. Braille and Audio Reading Download（BARD）[EB/OL]. [2015–07–09]. https：//www.loc. gov/nls/about/services/braille–audio –reading–download–bard/.

共信息帮扶列入政策纲领，与相关的法规条例配套，成为规范公共信息帮扶行为的重要手段。一些发达国家的公共信息服务组织是多种多样的，政府、企业、信息行业协会、工会、图书馆、档案馆和非盈利组织等多元化机构之间常态化合作，协同式开展公共信息服务。其合作方式主要有两种：其一，组织间通过共同举办公共信息服务或信息帮扶项目来强化帮扶效果，提高公共信息服务的影响力，这是一种临时性的合作；其二，不同组织通过建立组织联盟以弥补单一组织的短板，增强组织实力，这是一种机构互补型的长期性合作。单一化的组织力量是非常有限的，需要与其他组织合作来共同推动公共信息帮扶的实施，进而增强信息帮扶的影响力，更好地实现公共信息服务的效果，这一经验值得我们借鉴。一些发达国家公共信息帮扶的内容基本上囊括了信息基础设施、信息资源、信息服务、信息技术及信息能力与素养等相关方面。一些发达国家公共信息帮扶平台具有多层次性特征，分为政府公共信息帮扶平台和社会性公共信息服务平台；政府公共信息帮扶平台又可细分为国家级政府门户网站、省级政府部门的门户网站以及地区级政府门户网站；社会性公共信息帮扶平台分为公共图书馆平台、民间的非营利组织平台和企业平台。其中，政府公共信息帮扶平台主要提供大范围的公共信息服务，社会性公共信息帮扶平台主要提供某一领域的针对性公共信息服务。

总之，国内外关于县域信息传播与信息帮扶的实践探索与理论研究都取得了一些成果，业界与学界也都积极开展了县域信息传播与信息帮扶的探究，在县域公共信息传播与信息帮扶的必要性方面已达成共识，在实践中成功开展了不少信息传播与信息帮扶的项目。在理论层面，目前已有一些零星的研究成果，但研究视角较为狭隘，研究深度也有所欠缺，大多停留在公共信息帮扶的必要性论证阶段，对公共信息帮扶方法、公共信息帮扶模式等系列问题缺乏系统分析。从研究方法来看，使用的研究方法多为定性阐释，缺乏定量分析，展开细致调查的研究较少，本书试图在这些方面展开进一步探讨。

第4章 县域公共信息传播特征与信息帮扶难点

县域在我国承担着"上面千条线，下面一根针"穿针引线、承上启下的重任。在社会转型期，县域社会处在城乡地域接合部，市民与农民生活的交汇点。有社会结构多元、人员流动性大、社会矛盾复杂、利益冲突集中等特点，在公共信息传播有其特定的规律与特征，县域公共信息帮扶存在一些共性的难点，而传统的公共信息服务并没有很好地发现和解决这些问题。本书基于县域公共信息传播特征，对县域居民公共信息需求与县域信息帮扶的难点进行深入分析。

4.1 县域公共信息的传播特征

伴随信息社会的来临，信息资源已成为社会的基本发展资源，信息服务产业成了基本社会产业。人类社会进入以数字化和网络化为基本社会交往方式的新型社会。县域社会的生产力结构、组织架构、分工体系及智慧程度、行为方式等都在发生着深刻变革，县域公共信息传播生态也随之发生了前所未有的变革。

4.1.1　县域公共信息传播主体的多元性与复杂性

网络技术的发展带来了传播权利的泛化，使人人皆有"麦克风"，人人都能传播信息。公共信息传播主体从原来专业化的组织机构泛化为社会化的个人，多元化的传播主体带来了公共信息的爆炸式增长，良莠不齐的各类公共信息杂糅在一起导致县域公共信息传播环境日趋复杂，这大大增加了县域居民辨识、甄别、选择与准确获取信息的难度。因此，县域公共信息帮扶既要从源头上净化公共信息传播环境，又要从根本上激活县域居民的信息意识，优化其信息搜寻、甄别、选择与利用能力，全面提升人们的信息技能与素养，从而促进其更好地享受公共信息服务的成果，缩小信息鸿沟，促进信息公平，实现信息共享。

4.1.2　县域公共信息呈现形态的视频化与社交化

县域公共信息呈现形态既包括日常非正式交流中的口语，也包括大众媒介与组织机构正式传播中的文字、图片、音频和视频等。当前，在县域基层信息传播领域，泛娱乐化的短视频直播平台和各类社交媒体广受青睐，成为县域居民获取信息和满足文化娱乐需求的渠道，公共信息传播形态呈现视频化与社交化趋势。视频化的公共信息有其两面性。从积极方面来看，视频化的信息内容一目了然，观赏性与趣味性强，对接受者没有门槛要求，基本没有年龄、知识、文化水平等方面的限制。这在一定程度促进了公共信息的传播，消减了公共信息传播与获取的障碍。从消极方面来看，这些直播平台的视频化公共信息来源复杂、信息生产碎片化、表达方式情绪化，个别视频化公共信息带有一定的煽动性、低俗化、泛娱乐化倾向。此类信息内容稀释了主流媒体与官方机构的主流信息传播，弱化了主流媒体与官方机构在县域社会的传播力与影响力，影响着县域社会的公共信息与主流话语传播。因此，如何针对信息呈现形态与民众信息接受方式的改变，有效地开展公共信息传播与信息帮扶，从而凝聚人心、凝聚基层社会共识，是当面县域公共信息服务所面临的关键问题。

4.1.3 县域公共信息传播渠道的媒介化与网络化

传统的县域公共信息传播主要有三种模式：大众媒介传播、组织机构传播模式、日常人际交往传播模式。大众媒介传播模式主要依赖书报刊、广播、电视等大众传播媒介发布公共信息。这种传播模式所传递的公共信息更具权威性与公信力，特别是县级广播、电视等传统县级媒体深嵌于我国县域基层社会中，是县域公共信息权威发布的主要渠道。这种传播模式覆盖面广、告知效果佳，但是缺乏反馈机制，主要以单向传递为主。组织机构传播是指政府部门、图书馆、档案馆、博物馆、信息行业协会或信息服务企业等组织进行的公共信息传递模式。这种传播模式组织化与专业化程度高，传播的公共信息更系统、更专业，但对社会经济、文化、政治资源的依赖性强。日常人际交往传播以人际关系网络为基础，在日常人际互动中交换与传递公共信息。这种传播模式有一定的随意性和偶发性，传播的公共信息零散、信息的时效性不稳定、信息内容易发生畸变而失真，但这种模式因互动性强、传播便捷和获取成本低是县域居民获取公共信息的最常用的渠道。

近年来，随着移动互联网的提速扩容与县域基层网络的不断拓展，县域社会与网络开始接轨，县域居民的媒介化交往方式与网络化消费习惯开始出现，县域公共信息传播逐渐显露出网络化与媒介化倾向。县级媒体逐渐向网络新媒体拓展，县级政府部门、相关组织机构也开始搭建自己的网络公共信息传播平台。县域新兴网络媒体和政务平台"两微一端"、政务头条号、抖音号等快速发展，成了基层党政信息发布、地方政策解读、突发公共事件应急处理等公共信息传播的主要渠道。但是，一些县级部门的政务新媒体"两微一端一号一抖"等多平台一哄而上，甚至出现一事一公号、一事一端、一单位多公号和多平台等乱象，加上非专业团队的生产与运营，不仅未能简化县域居民的办事流程，反而使人眼花缭乱、无所适从，大大增加了县域民众获取信息难度与办事烦琐程度。因此，如何打破行政壁垒，破除部门之间的藩篱，建立便捷的网络公共信息传播平台，搭建起政府与民众交流互动的桥梁，更好地满足县域居民对美好生活的现实需求，提高县域居民的获得感、满足感与幸福感，是当前县域公共信息传播所面临的紧迫课题。

4.2　县域公共信息需求分析

充分了解县域公共信息的传播特征与县域居民的信息需求，是提高信息帮扶质量的前提与基础。这样公共信息帮扶才更有针对性，才能起到事半功倍的效果。人们对信息的需求很大程度与其所从事的生产生活内容及复杂程度密切相关。2005 年，英格尔森（Ingwerse）认为："信息需求就是用户受到限制的知识体系的空缺。"1973 年，查理斯·阿特金（Charles Atkin）指出："当个体感到周围环境与期望达到的标准状态有差异时就产生信息需求。"1991 年，库尔梭（Kuhlthau）提出：用户对"问题或主题的知识"与"必须解决问题所需要的知识"两者之间所产生的不足就是信息需求。因此，不同的县域需要提供不同的公共信息服务，满足县域居民多元化的信息需求。

4.2.1 县域公共信息需求的类型

在信息社会中，县域居民对公共信息的需求量急剧增加，信息需求的深度与广度不断拓展，信息需求的范围与类别也随之不断延伸。我国县域广阔，县域居民是一个庞大的社会群体。他们在县域社会生产、生活中承担着不同职责、扮演着不同的社会角色，每一个居民个体所处的生活经历和生存环境又有所不同，这些都决定着县域居民的公共信息需求必然是多样化的。因此，有必要对县域居民的公共信息需求类型进行细分，以便更好地为其提供相应的信息帮扶服务。根据不同的分类标准，县域公共信息需求大致可分为以下几种类型。

1. 按照一般性与特殊性的原则划分

县域公共信息需求可分为一般性公共信息需求和特殊性公共信息需求。一般性公共信息需求是指满足县域居民日常生产和生活的基本信息需求，以及帮助他们适应社会环境变化的新闻时政、文化娱乐、政策变化等信息需求。除此之外，县域居民因分布广泛，在社会生活中扮演着不同角色，有不同的追求与目标，需要花费一定的时间和精力关注特殊性信息，因此县域居民的信息需求又呈现个性化、特殊化的倾向，具有符合个体职业性质、兴趣爱好、个人发展等特性。特殊性公共信息需求是指县域居民根据自身职业性质、个人发展、兴趣爱好而产生的个性化公共信息需求。

2. 按照事物发展变化的规律划分

县域公共信息需求可分为动态公共信息需求和静态公共信息需求。一般来说，静态公共信息需求，具有相对稳定性与持久性，是指在较长时间内县域居民所需要的某些特定公共信息，这些信息需求在短期内不会发生太大的改变。而动态公共信息需求是阶段性的，通常与县域社会某一阶段的特殊社会事务密切关联，往往是因解决某一特殊时期的具体问题而产生的。这类公共信息需求因社会环境变化而不断调整。在不同时期，随着县域居民信息经验的累积和信息技能的提升，动态公共信息需求也随之增加。当然，静态和动态公共信息需求不是绝对的，是相对的。随着时间的推移和社会的发展，两者之间可以相互转化。

3. 按照需求的呈现状态划分

县域公共信息需求可分为显性公共信息需求与隐性（潜在）公共信息需求。显性公共信息根据被表达的程度，又可分为充分表达的公共信息需求、表达不准确或者不充分的公共信息需求两种。充分表达的公共信息需求是指已被县域居民充分认识，并通过语言、行为等方式将需求清晰准确地表达出来，展现在公共信息服务者面前的信息需求。通常来说，这种需求的产生往往和县域居民迫切需要解决的问题密不可分。表达不准确或不充分的公共信息需求，是指县域居民未能全面、准确表达出来的公共信息需求。这既可能是因县域居民对公共信息的内容不太了解，也有可能是因为自身认知能力较低，理解、分析、表达能力较弱，信息素养较差，对信息认识就不清晰等，从而造成公共信息需求表达得不准确或不充分。

尽管信息需求是一种客观存在的状态，但与县域居民的认知能力密切相关，并不是所有的信息需求都能被认知，一些需求还处于未被认知的状态。因此，根据被认知程度，隐性（潜在）公共信息需求又可分为有所认知但未表达的公共信息需求、未认知的潜在公共信息需求。在大多数情况下，县域居民并不能察觉自身的信息需求，其需求以潜在的、未被认知的形式存在。对于那些文化水平、认知能力、表达能力、信息技能较低的县域居民来说，隐形（潜在）公共信息需求远远大于充分表达出来的显性公共信息，表达出来的或者被认识到的公共信息需求可能仅是冰山一角。

总体来看，县域居民的公共信息需求不是一成不变的，各种公共信息需求之间是可以动态转化的。我们可以通过优化县域居民的信息搜索、信息交流、信息选择、信息利用行为，丰富其公共信息的储备量，优化其知识结构，增强其理解与表达能力，激发其潜在的公共信息需求被认知与被表达，将其转化为显性的公共信息需求。

4.2.2 县域公共信息需求的特点

县域居民的公共信息需求虽有所差别，但也存在一些共性特征，而这些共性特征体现了县域居民的公共信息需求区别于其他群体的独特性。具体而言，县域居民的公共信息需求主要呈现以下特点。

1. 公共信息需求的内容偏重实用性

公共信息需求的内容是提供公共信息服务的核心部分。一些县域居民由于自身经济条件和社会地位的限制，他们倾向于花更少的时间和精力来获取更实用和更具实质指导性的信息，以免挤占其他能直接获得物质收益活动的时间和精力。这与因自身好奇心或兴趣爱好的驱使而产生公共信息需求的某些社会群体有显著区别。这些县域居民急需的公共信息，往往是为了满足生存或发展需要，如为了解决某些日常生活、生产方面的问题，又或是可帮助他们获取一定的经济收益和改善生活环境。因此，是否能解决实际问题、获取知识、提升技能、获取经济收益、改善生活环境等成为县域居民评判公共信息是否有用的标准。人们若发现某些公共信息与自身需要和问题解决关联不大，就有可能终止信息获取的行为。

2. 公共信息需求的内生动力不足

公共信息需求的内生动力不足主要体现两个方面：一是县域居民公共信息意识不强。尽管随着信息社会的快速崛起，信息资源优势不断彰显，一些县域居民开始意识到及时掌握有效的信息对生产生活的推动作用，对公共信息的整体需求有所上升；但是大多数县域的民众并没有充分认识到信息的巨大价值，信息意识普遍偏弱。调查研究发现，大多数乡村民众认为公共信息与自己的生产生活关联性不大，没有主动获取的必要。因此，一些县域居民的公共信息需求带有一定的偶然性、不自觉性，很容易受到外部环境的影响而放弃获取信息，缺乏可持续的持久动力机制。公共信息需求动力不足也是造成县域居民、尤其是乡村民众信息贫乏的主要原因之一。在公共信息帮扶中，可通过不同方式激励县域居民让其充分体会到公共信息的价值，增强信息获取和利用的源动力。二是县域居民公共信息需求的目的不明确。由于一些县域居民对公共信息需求的意识不强，对信息搜索、选择、利用缺乏主观能动性，加之其认知水平与视野局限，导致县域居民常无法充分、准确地表达自己的公共信息需求，甚至尚未意识到需要及时、关键信息。因此，县域居民的公共信息需求常常出现断层和错位的现象，影响公共信息服务的效果。在公共信息服务中，可以对县域居民进行引导，以避免无计划性、无目的性的信息干扰原本信息需求而产生的认知偏差。

3. 公共信息需求的层次偏低

信息需求是人的基本需求，信息需求是有层次的。韦尔效仿马斯洛的需求层次理论来分析人们的信息需求。马斯洛的需求层次理论将人类的需求，从低到高分为五级，即生理需求、安全需求，社交需求、尊重需求、自我实现需求。以马斯洛的理论为借鉴，韦尔绘制了一幅信息需求等级图，将信息需求也由低层次到高层次排成五个层次：第一个层级是与日常生活相关的信息需求；第二个层级是与娱乐、消遣相关的信息需求；第三个层级是与教学、认知相关的信息需求；第四个层级是与审美相关的信息需求；第五个层级是与知识创新相关的信息需求。韦尔认为，只有当满足一个层次的信息需求后，人们才会思考并尝试获取更高层次的信息需求。根据调查研究发现，县域居民的公共信息需求大多处于较低层次，主要源自满足居民自身生产、生活的现实需要，更注重日常生活、生理、生存和娱乐消遣等方面的信息需求，而认知、审美、知识创新等高层次需求相对较低。

总体而言，县域居民的信息需求内容丰富多样，涉及日常生活的方方面面，但更偏重公共信息内容的现实适用性。同时，县域公共信息需求内生动力不足，县域居民信息意识不强、信息需求的目的不明确，未被充分认识和表达的潜在需求过多，在将潜意识转换为明确的公共信息需求的过程中，呈现间断性、偶发性等特点，缺乏持续性，易受到外部环境影响而终止信息行为。此外，县域居民的公共信息需求层次偏低，偏重日常生活、生理、生存和娱乐消遣等方面的信息需求，而较少涉及自我价值实现、生活情趣培养、认知能力提升等方面的信息需求。

4.2.3　县域公共信息需求的满足情况

近年来，随着信息的社会化和社会的信息化，国家加大了对基层信息资源建设的帮扶力度，我国县域公共信息资源与信息基础设施建设明显改善。县域范围的各类信息公告栏、农业科技信息推广平台、村务公开的公共信息亭等逐步建立。但是，由于受到地域、经济和文化等多种因素制约，我国县域居民的公共信息需求满足程度欠佳。一方面，我国公共信息资源分布整体上呈现"倒三角式"结构，大量的公共信息资源集中在省部级政府。县域公共信息资源拥有量总体不足，公众对县域公共信息资源的服务水平满意度不高，大多数县域居民的信息需求还得不到满足。另一方面，随着社会的发展、信息技术的革新，县域居民的公共信息需求呈现一种多样化、个性化、差异化的特征，不同居民的信息需求不同，公共信息获取的途径也各有差别，多元化的信息需求需要多元化的信息获取途径。因此，如何寻求公共信息服务供给侧与需求侧之间的平衡点，解决公共信息服务的供需矛盾，是当前公共信息服务需解决的关键问题。

根据调查发现，许多县域居民认为自己存在公共信息障碍。究其原因，一些县域居民认为文化程度低、信息技能缺乏、经济收入低导致自身公共信息障碍；也有一些县域居民认为农村信息基础设施不完善、针对农民群体的公共信息服务缺乏造成自身公共信息障碍；还有些县域居民认为在县域比大城市获取公共信息服务难，城乡公共信息服务的不均衡造成了自身公共信息障碍。当谈及城乡公共信息服务不均衡的原因时，一些县域居民认为受教育程度、收入水平及各地财政投入的差别是导致城乡差距的主要原因。相比大城市，县域特别是农村地区公共信息基础设施较薄弱，公共信息服务资源较少，有的偏远地区信息网络覆盖不全、有的居民没有电脑、手机等公共信息设备。此外，县域地区的公共信息服务机构缺乏，公共信息服务的针对性不强，也可能导致公共信息服务的错位或缺位现象。

总体来看，县域居民信息需求满足情况欠佳，主要是由内在因素和外在因素共同造成的。从内在因素来看，县域居民自身对公共信息价值认识不充分，加之文化水平、能力素质、信息技能和经济状况等多方面的不足，导致信息需求未能得到充分满足。就外在因素而言，我国信息贫富两极分化现象依然存在，信息"优势群体"和"弱势群体"一直并存。目前，对于县域地区及县域居民的信息帮扶还不充分，缺乏针对性，没有建立持续、稳定、系统的公共信息帮扶机制。同时，在信息化社会，信息环境复杂、信息量太大、信息质量良莠不齐，这些都大大增加了县域居民对公共信息进行甄别与选择的难度，导致县域居民很难快速、准确地从纷繁复杂的信息海洋中获取想要的信息，因而造成他们的信息需求满足程度欠佳的情况。

4.3　县域公共信息帮扶的难点及原因分析

县域公共信息帮扶既受到政治、经济和文化等因素的影响，同时又受到县域信息环境、基层公共信息设施建设、县域居民的信息素养等多重因素的制约。具体而言，县域公共信息帮扶的难点主要有以下几个方面。

4.3.1　县域信息环境欠佳

我国陆续出台了不少法律、法规，信息立法方面已经有了显著的发展，但针对信息方面的法律法规立法范围较窄，与之配套法律还不健全，县域居民公共信息服务环境还有待进一步提升。在实际执行过程中，特别是在落后的县域地区仍然缺乏一定的执行力和监督力，无障碍信息建设不健全，无障碍信息服务能力不强，一些县域居民不能充分享受信息化的成果。如果政府在信息环境建设上不对县域居民采取倾斜性保护的话，县域居民受到自身因素所限，获取公共信息服务的机会将大大低于大城市居民。

这些问题产生的主要原因是我国信息法律方面的立法工作起步相对较晚，目前一些法律法规还处于研究和讨论阶段，相关信息法律、法规还需进一步健全。我国公共信息服务制度也较薄弱，一方面，在政策制定过程中，政策保障的对象方面缺乏对多元化县域居民的重点关注，政策服务内容不完善；另一方面，在政策执行过程中，也没有出台相互配套的适合当地发展的相关政策，对公共信息活动流程的规范不严格，政府信息公开的内容不全面，进行公共信息服务时也没有时常给予县域居民特殊的关照。在制度建设方面，没有将县域居民公共信息服务和公共信息帮扶列入政策纲领。目前，县域居民公共信息服务还处于较低水平，与之配套的信息法律、规章不太完善，公共信息服务缺乏制度保障，很少有公共信息服务机构专门针对县域居民制定保障规划与实施细则。县域公共信息诉求的满足度欠佳，缺少如何对县域居民进行信息帮扶缺乏可操作性的规定。

4.3.2　县域公共信息设施建设不健全

近年来，随着我国信息化建设步伐的加快，我国公共信息服务的基础设施建设已经初具规模，但是针对县域居民的公共信息服务设施建设仍然不健全。一方面，县域居民集中的农村地区的公共信息服务基础设施建设与城市依然存在差距。根据中国互联网络信息中心（CNNIC）2021 年 9 月发布的第 48 次《中国互联网发展状况统计报告》数据显示，截至 2021 年 6 月，我国城乡互联网普及率分别为 78.3% 和 59.2%，城乡间的互联网普及率差距依然明显。另一方面，从地域差异来看，东西部地区的公共信息服务基础设施存在差异，尤其西部边远地区的信息基础建设还比较薄弱。例如，我国县域地区的公共图书馆主要集中在华北、华东地区及直辖市等经济发展较好的地区，而西南和西北等经济发展相对落后的地区则比较薄弱。

这些问题主要是因为我国面向县域的公共信息资源建设还不完善，公共信息环境和设施建设状况欠佳。在公共信息资源分布方面，多数信息资源仍被省市级以上部门所垄断，有些没有及时公布成为公共信息，对县域居民来说，获取这些信息更加困难。在公共信息化建设方面，尽管各级政府及信息服务机构采取了多种举措，如增加公共信息服务投入、健全公共信息传播网络、完善公共信息基础设施，在县域地区和边远山区仍存在"最后一公里"的问题，公共信息难以顺利抵达县域居民，城乡居民享有的公共信息服务存在差异性，城乡之间的数字鸿沟问题依然严峻，甚至有扩大的趋势。县域地区计算机、网络等基础设施建设较慢，国家虽然大力鼓励县域地区的信息基础设施建设，但由于缺乏对县域地区信息基础设施建设有效的补助措施而无法刺激县域居民的信息消费需求，很多边远山区的居民不愿意承担高额的互联网费用。信息消费需求的不足导致了县域地区信息基础设施发展缓慢。偏远县域网络硬件设施不完善，网络通信能力差；边远县域信息化基础设施的薄弱严重制约了县域居民公共信息服务的发展。

此外，由于区域经济发展水平落差大导致我国县域居民信息服务地区投入差距大。我国经济发展水平呈现明显的地区差异，华北、华东、华南地区及直辖市的经济发展水平明显高于中南、西南和西北地区，其信息服务差距也较为明显。相对应的配套基础设施是进行县域居民信息帮扶的基础条件，东部沿海城市为了提高公共信息服务的质量，对数字基础设施建设高度重视，投入了大量的人力、物力与财力。西部县域居民信息服务之所以存在服务项目少、受益面窄就是因为基础设施不完善，没有条件为县域居民提供多样化的信息服务项目与内容。西部公共信息服务的基础设施方面还需要大力改进，传统媒介如电视、广播、电话等，在一些偏远西部山区都没有得到普及，更别提互联网和计算机了。不过必须指出的是，东部地区虽然信息发展水平稍高一些，但专门针对于县域居民的公共信息基础设施建设仍然不到位，缺乏适合县域居民的统一的公共信息网络平台。各部门都是单独作战，向县域居民传播公共信息的成本较高。

4.3.3　县域公共信息帮扶的针对性不强

尽管我国的公共信息服务水平已有较大程度的提升，但县域居民享受公共信息服务时所面临的困难多种多样。另外，县域居民的公共信息行为、信息需求也不一致，县域居民内部成员间遇到的公共信息问题有所差异，传统公共信息服务往往针对性不强，并与县域居民的真正需求相错位。县域居民对信息服务的需求类型多样化且需求程度不一，主要涉及经济、教育、生活保障、医疗、养老、就业、卫生和交通等各个领域。我国目前虽然已经开展了一些针对县域居民的公共信息服务，但服务内容类别少，创新度不够。政府公开的信息也多为政务工作方面的信息，没有涉及社会各个领域，针对性不足。传统的公共信息服务针对的对象范围较广，缺乏对县域居民的特殊关照，加之县域居民自身局限，使传统的公共信息服务无法惠及全部的县域居民。

这些问题产生的主要原因：在传统公共信息服务项目中，专门针对县域居民的项目所占的比例比较少，很少有为县域居民单列的项目。即便有些公共信息服务项目主要面向县域居民，但县域居民有不同的类型，而且其年龄、性别及知识水平等的差异而对信息服务的需求也不一样。公共信息服务机构在制定公共信息政策和信息帮扶方案时，缺乏细致的调研，对县域居民的基本情况、公共信息需求和信息获取习惯并不十分了解，没有因地制宜、合理布局，也没有针对不同的县域居民类型，采用多样化或个性化的信息服务方案，导致了公共信息服务方式机械僵化，缺乏针对性。

县域居民文化水平较低，也加大了公共信息服务的难度。这要求信息帮扶人员不仅要具备信息技术、法律知识，还要具备心理学方面的知识，懂得沟通技巧，能用通俗易懂的方式开展信息服务。据了解，目前我国一些公共信息服务人员并不具备较强的专业知识，专业技能的不足在一定程度上影响着公共信息服务的效果。在公共信息服务的实施过程中，缺乏专业化的公共信息帮扶人员指导县域居民搜寻、选择、利用公共信息。有些公共信息服务者即使具备一定的专业技能，但也可能缺乏应对能力，他们大多按部就班地实施信息帮扶方案，很难会根据县域居民的需要灵活地调整公共信息帮扶计划。有时甚至在解决不同县域居民公共信息问题时，都采取千篇一律的方式。单调而死板的信息帮扶方式，使县域居民公共信息求助无门。

　　我国县域居民公共信息服务的方式以传统服务方式为主，缺乏多样性。政府部门是进行公共信息服务的主体，一些政府机构在提供公共信息服务时没有时刻关注信息的可获取性，往往忽视了县域居民所面临的障碍。有些政府门户网站更新时效较差，数日、数周才更新一次；内容设计不太合理，内容单一，主要是发布各地政府部门简介、政策法规的讲解及政府通知、政府文件等。还有一些政府网站的交互性差，有些功能形同虚设，利用率普遍偏低。联合国公布的相关报告显示，尽管各国政府都纷纷开设网站，但具备上网条件的人中，只有 20% 的人登录这些网站。❶ 具备上网条件的人尚且如此，县域居民中那些不具备上网条件的人更是很少利用这些网络形式的公共信息服务。同时，政府部门在提供信息的全面性和友好性等方面也还有待进一步完善，为县域居民提供信息服务时不应当只提供单一化、碎片化的服务内容。尽管一些发达地区在县域公共信息服务领域，重视地方政府与非政府组织之间的合作，建立了一个易于协调与管理的组织体系。但是，还有众多地区并没有实现多元主体协同合作，也没有成立专门的机构来统筹县域居民信息服务。作为公共信息服务主体的部门，相互间缺乏经验交流和相关知识的培训，同时也未能有效地鼓励社会力量参与到信息服务中来。各机构各自为政进行公共信息服务，很多时候都没有重点关注县域居民的公共信息需求。上述问题都在一定程度上影响着县域公共信息帮扶的广度与深度。

4.3.4　县域公共信息帮扶的覆盖面不广、持续性不强

　　信息帮扶是指政府和社会机构免费或以较低的费用为社会县域居民提

---

❶　杨玫. 电子政府与公众的信息行为 [J]. 情报杂志，2004（6）：35-39.

供信息产品或服务。❶ 有效的信息帮扶要求，能提供有针对性的服务，能按照县域居民的兴趣、爱好、需求、生理状况实时推送公共信息。根据调查研究发现，尽管县域居民对公共信息帮扶的呼声很高，要求很迫切，但真正享受过或者体验过公共信息帮扶人并不多。面向县域居民的公共信息帮扶覆盖面不广，无法满足大众的需求。很多信息帮扶项目都是一次性工程，但县域居民需要的是长期的、及时的、有针对性的公共信息服务。目前，即便是处于公共信息服务一线的图书馆、档案馆、信息中心，针对于县域居民的特色服务（如县域居民信息检索培训、法律及维权意识讲座活动、送书上门和就业信息服务等）也并不常见，公共图书馆只是偶尔提供类似服务。县域居民信息帮扶方面存在着明显的不足，主要表现：公共信息帮扶的覆盖面不广，信息帮扶项目的持续性不强。同时，信息帮扶参与主体存在失衡，主要表现在公共信息帮扶过程中政府的主导性过强而社会组织的积极性不足。我国现阶段县域居民公共信息帮扶主要是由政府及政府设立的专门机构来实施的，民间组织的参与非常少。

县域居民信息帮扶覆盖面不广、持续性偏弱，主要有两方面原因。

一方面，地方政府作为公共信息服务的主体部门，持续进行信息帮扶的有效保障机制还不够完善。在传统公共信息服务模式中，政府利用有限的财政拨款来维持县域居民公共信息传播、推送的一切活动。但政府管理的公务太庞杂、人财物等资源有限，无法对县域居民提供持续的公共信息服务，使县域居民公共信息服务水平不高、信息帮扶的力度不强，帮扶的渠道单一化。公共信息帮扶的公益性要求尽可能以低费用或者免费的形式提供服务，但与之相矛盾的是地方政府资源有限。公共图书馆是提供公共

---

❶ 孙立平. 断裂 [M]. 北京：社会科学文献出版社，2003.

信息帮扶的另一个重要主体，但县域居民也很少光顾公共图书馆。信息公司和通信营运商是公共信息服务的重要主体之一。作为商业实体，它们在提供公共信息服务时常以利润最大化为宗旨，往往更关注城市精英阶层的需求，对商业价值较低的县域居民采取的市场营运措施不够完善，为县域居民主动提供信息帮扶的企业较少。总的来说，县域居民的公共信息权益保障并没有受到社会各界的广泛关注，单单依靠政府部门提供县域居民公共信息帮扶显得力不从心，而信息服务商、社会组织等其他机构的关注和支持又不到位，从而造成了当前困境。

另一方面，我国目前县域居民的社会帮扶体系尚不健全，尚未完善县域居民信息帮扶的政策规范，专门的县域居民公共信息服务机构较少，县域信息帮扶的专项基金不够充足，科学的、系统的公共信息帮扶机制有待完善。在公共信息服务时，虽然逐年加大了对信息基础建设的投入却忽视了提高和改善县域居民的信息能力，缺乏专业的县域居民公共信息帮扶措施，更缺乏县域居民公共信息帮扶的长效机制。目前，尚未有一个专门的机构负责县域居民信息帮扶工作。信息帮扶项目缺乏持续性，县域居民信息服务的人员都是临时委派，也没有安排专门的信息帮扶人员。信息帮扶项目的实施人员经常随机组合，往往采取突击方式去帮助那些遇到问题的县域居民，导致信息帮扶活动无法有序、系统、深入落实到公共信息服务的全过程。

总之，传统的公共信息服务没有将县域居民区分出来，提供有针对性的服务，缺乏稳定的、长期的公共信息帮扶。县域居民公共信息帮扶的方式也很单一，更没有建立科学、系统的公共信息帮扶机制。县域居民公共信息权益保障不到位，县域居民公共信息需求的满意度也欠佳。县域居民仍然没有完全改变信息劣势的局面，因而没有真正实现信息帮扶的目标。这些问题是造成县域居民公共信息需求障碍的主要因素。为了解决这些问题，需要在公共信息服务的过程中引入信息帮扶的方法，帮助县域居民追求信息权利的平等化，淡化"信息歧视"，修补"信息断层"，促进信息共享，从而实现保护县域居民公共信息权益、提升公共信息服务水平的目标。

第5章　县域公共信息传播
与信息帮扶的目标和原则

探索县域公共信息服务，需要从理论层面勾勒基于信息帮扶的县域公共信息服务的框架，分析县域居民公共信息传播与信息帮扶的必要性及法理基础，阐述县域居民公共信息传播与信息帮扶的具体目标、基本原则与着力点，并以此为县域公共信息服务的实践奠定基础。

5.1　县域公共信息传播与信息帮扶的目标

帮扶是维护县域居民合法权益的一种有效方式。信息帮扶是一种带有支援性的信息服务活动。信息帮扶正式作为一个项目被提出是在 1995 年由国际科学技术信息委员会（ICSTI）发起的一项旨在提高发展中国家获取科技信息能力的计划中。信息帮扶是专门针对信息贫困者的一种有用的救济方式，公共信息服务时可引入信息帮扶的方法来保障县域居民信息权利和信息利益的顺利落实。

5.1.1　缓解妨碍县域居民公共信息活动的生理障碍

县域居民中特别是其中的老年人、残障人士是比较特殊的人群，他们可能身体残障、行动不便，其生理障碍不容忽视。例如，信息的接受主要依靠视力与听力，老年人、残障人士等弱势人群有的视听能力欠佳，不方便或完全无法处理某些类型的信息；有的可能无法使用键盘或鼠标；有的可能行动不便，活动范围受限，不方便到公共场所获取信息；有的智力有损伤，可能在沟通交流、阅读理解信息方面有困难。而传统的公共信息服务场所，如图书馆、档案馆、信息中心大部分设施都是为正常人设计的，专门针对残障群体的生理缺陷的设计并不到位。县域公共信息援助重点针对老年人、残障人士等用户的不便之处，在建筑设施、特种文献资料、特殊辅助设备、公共信息服务方式等方面都考虑他们特殊的需求和身体状况，帮助他们解决公共信息活动中的生理障碍导致生活不便的问题。

5.1.2　帮助县域居民克服信息焦虑的心理障碍

互联网的兴起与发展，打破了传统媒体的信息传播方式。全球每天网络增加的信息数以亿万计，可瞬间传遍全球，极大地增进了公共信息传播速度、传播范围和传播规模。由于网络上鱼龙混杂的海量信息容易让县域居民无所适，从而引发信息焦虑。一方面，县域公共信息帮扶通过过滤和排除无关信息、干扰信息和冗余信息，只保留符合县域居民需求的公共信息，避免海量信息对他们的干扰。信息帮扶人员也可以帮助县域居民去伪存真，充当传统媒体中的"把关者"的角色，有利于帮助他们分辨出真实有效的信息。另一方面，县域居民无法轻松获取公共信息，甚至不知道在哪里获取公共信息，导致他们的公共信息需求经常得不到满足，处于"信息饥渴"状态。县域公共信息帮扶可精准地推送公共信息，避免县域居民从众多信息源搜寻信息时可能发生的"迷航"情况，有利于县域居民公共信息需求的满足，缓解他们的信息焦虑。同时，县域居民的理解能力欠佳，面对复杂的公共信息容易不知所措，县域公共信息帮扶能更细致地分析信息，帮助县域居民消化、理解和吸收知识。

5.1.3　提高县域居民的信息素养

县域公共信息帮扶模式在研究县域居民公共信息需求的基础上，通过引入信息帮扶的方法，帮助县域居民有目的性地寻求公共信息、广泛地交流公共信息、理性地选择信息、更有效率地利用信息来解决实际问题，致力于提高县域居民的信息素养。信息意识是信息素养的一个重要方面，信息帮扶时应先帮助县域居民提高信息意识，只有他们具有较强的信息意识，才会产生学习信息技术的动力。然后，信息帮扶人员再帮助县域居民系统地掌握公共信息获取、公共信息交流、公共信息选择、公共信息利用的技术与方法。县域居民多分布在信息基础设施落后的偏远农村地区和城市边缘地带，他们的文化知识水平普遍较低，无法掌握现代信息技术，可能会产生无力感和无助感。传统公共服务对偏远地区和边缘地带的县域居民进行的信息技术帮扶较少，而县域居民又无法通过自身努力来提高信息技能，无力感的累加最终导致他们对信息技术的恐惧。"授之以鱼，不如授之以渔"，只有当县域居民掌握了信息技术与方法，才能够顺利地获取所需的公共信息。相比于单调呆板的灌输方式，信息素养培养显然是更优的方案，它能够一劳永逸地向县域居民提供一种真正的帮扶，使其习得自主获取公共信息的能力，从而从根本上改变县域居民"信息劣势"的不利状况，使信息地位平等具备可能性。

5.1.4 缓解县域居民信息贫困的局面

在信息社会中，信息在人们的生产和生活中占据极其重要的位置，掌握信息数量的多少和质量的高低有时候能决定一个人的生活水平和质量。目前，我国的公共信息资源分布不均衡，东部地区和西部地区之间存在一些信息鸿沟，城市和县域之间也存在一些信息鸿沟。而县域居民集中的地方大部分是信息基础落后的边远贫困地区，在经济贫困的同时往往也存在信息贫困的现象。县域居民需要信息改变自己的境遇，但是目前县域居民在信息资源的占有中一直处于劣势。传统公共信息服务，特别是部分有偿服务或者付费服务，没有考虑到县域居民的经济困难，无形中就将他们排除在服务对象之外。虽然公共信息的价值是潜在的，不能立竿见影，但对于县域居民的生存和发展是必要的。县域公共信息帮扶应以无偿援助的方式为主，尽量募集政府、企业和社会各界的资金支持，力争免费为县域居民提供文献资料、精编手册、辅助工具、电脑设备和应用软件等，使县域居民能够无成本或者低成本地获得公共信息。在信息帮扶时，需要给予县域居民政策照顾及补贴支持，协调和优化公共信息资源的配置，加大较落后地区的公共信息服务基础设施建设的力度，保证公共信息权益的公平和公正，力争弥补信息鸿沟、缓解信息贫困状况。

总之，信息帮扶针对于县域居民普遍面临的公共信息障碍，力争帮助他们减轻或者消除妨碍公共信息活动的生理和心理障碍，提高他们的信息素养，使他们能够方便地发现公共信息、获得公共信息、利用公共信息，帮助他们扭转公共信息贫困的局面。

5.2　县域公共信息传播与信息帮扶的原则

县域公共信息传播与帮扶需要从宏观层面加以引导，要遵循的主要原则：以人为本原则、精准性原则、实用性原则、多元协同原则。

5.2.1　以人为本原则

以人为本是公共信息传播与帮扶的基本原则。以人为本是对马克思主义人学的继承与发展，是对我国传统民本思想的发展与超越，是我们党全心全意为人民服务根本宗旨的具体体现。县域公共信息传播与帮扶目标集中于人，集中于县域居民的信息需要、信息素养和信息能力，最终目标是促进县域居民的全面发展。县域居民既是公共信息传播与帮扶的对象，又是公共信息传播与帮扶的主体。因此，县域信息帮扶要尊重县域居民的人格，认真倾听他们的心声，了解他们的所思、所想和所求。同时，坚持以人为本也是政府服务和公共信息服务的基本原则。如欧洲国家电子化政务服务的口号之一就是"以公众需求为中心"，公众利益是政府工作的出发点和落脚点，根据公众的需求建设电子化政务项目，可以较为全面地满足公众的公共服务需求。我国各地的信息发展不均衡，县域居民的信息素养参差不齐，公共信息需求差异显著。一个理想的公共信息传播与帮扶过程，应该从信息需求主体出发，把握县域居民的需求特征，理解其信息行为，提高公共信息内容与县域居民需求的匹配程度，通过不同的信息服务渠道并以多元化的方案展开个性化的公共信息服务。因此，县域公共信息传播与帮扶应坚持以人为本的原则，不仅要简单地让县域居民接触到公共信息，而且要让其通过各种途径和方式掌握信息知识和技术，对获取的信息进行有效的识别、处理、利用和二次传播，以增强县域居民自身的信息技能和素养，弥补传统公共信息服务的缺陷。

5.2.2　精准性原则

精准性原则是县域公共信息传播与帮扶实施的具体化准则，直接关系公共信息帮扶的成效。传统的公共信息服务并没有专门考虑县域地区和县域居民的具体情况，又因县域居民自身信息能力弱，无法跟上信息时代的步伐，故未能及时、全面地获取与自身相关的公共信息。长此以往，信息的单一化与不对称使县域居民走向边缘化境地，成为信息时代的滞后者。因此，县域公共信息帮扶应在综合考虑县域居民公共信息获取与利用的实际困难基础上，结合县域社会环境、媒介环境及县域居民爱好兴趣和认知特征等展开有针对性的、专业化的精准公共信息服务，使信息能够作用于县域居民的认知、情感和态度，从而引发诸多信息行为，以便县域居民能够切实享受信息化带来的成果。与此同时，在县域居民公共信息帮扶过程中，应调查县域居民间差异化的公共信息需求，发现其在寻求信息服务过程中的障碍和困难，制定个性化的信息帮扶策略，通过循序渐进、因势利导的信息技能训练，提升其信息化现代化思维能力，激发其内生动力，有效避免县域公共信息服务供给侧与需求侧不对称的问题。

5.2.3　实用性原则

实用性强调县域公共信息帮扶与县域居民现实需求的匹配度。公共信息帮扶，要准确把握县域居民的特征，以及该群体对公共信息资源的需求，从县域居民的实际困难出发，回应他们的信息需求，运用多种方式与技巧有的放矢地开展县域居民的信息帮扶服务，帮助县域居民提高信息技能、培养信息素养。基于我国信息发展不平衡、不充分的地域性差异特征，不同县域之间居民的信息素养同样存在差别，由此引发的信息需求也有所不同。因此，信息帮扶必须考虑当地的信息设备等客观条件，以及所在地县域居民的信息素养程度，在此基础上形成多元化方案，精准对接各类型居民的需求。为了实现实用性的目标，政府部门应该完善县域的互联网、电话、数字信息亭和数字电视等基础设施，开展信息无障碍的公共服务设计，推动县域居民使用公共信息，并针对传统信息帮扶方式的薄弱环节查漏补缺。例如，有些贫困地区的居民因经济收入低、无力支付购买公共信息产品的费用，应对其给予无偿帮扶，尽可能保障所有县域居民的信息权益。

5.2.4　多元协同原则

县域公共信息传播与帮扶是一项复杂的、任务艰巨但意义重大的系统性工程，需要多方力量协同参与。在县域信息传播与帮扶过程中，应建立以政府主导，社会协同、大众参与的多元协同机制。政府应在信息资源配置、投资方向上做出相应部署，加强对县域地区的公共信息帮扶力度，努力缩小城乡地区之间、个体之间的信息差距，消除信息特权现象，从而维护社会信息公平，创造信息共享的社会环境。与此同时，应号召和鼓励各类企业、社会组织共同参与县域公共信息帮扶，更大限度拓宽信息帮扶主体的覆盖面，尽量规避在县域公共信息服务帮扶中的信息资源投入的零散化倾向。

县域公共信息传播与帮扶是一项长期性的战略任务，既不能半途而废，也不能一蹴而就。保持县域公共信息传播与帮扶的延续性与传承性是这项系统工程的内在要求。同时，作为公共信息服务的一部分，信息帮扶要避免流于形式，避免成为突击式的政绩工程，应保持一致性、连续性与长期性。

5.3 县域公共信息传播与信息帮扶的着力点

公共信息资源是衡量一个国家信息化发展水平的重要依据。我国公共信息资源总量丰富，但是资源的开发利用程度还不够高，与我国经济社会的发展要求和社会公众的需求之间存在一定距离。特别是县域地区的公共信息资源相对贫乏，在一定程度上影响着县域社会的发展与县域居民的利益。因此，我们要采取积极措施，在明确县域居民公共信息传播与帮扶的具体目标、基本原则的基础上，找准着力点，从国家宏观领导、政府职能转变、居民权利保障等关键处持续发力。

5.3.1 加强国家对县域公共信息资源的宏观领导

各国政府公共信息服务的成功经验表明，政府决策的推进、管理观念的革新、健全法制法律的保障、社会信息资源管理体制的创新，是实现公共信息资源全社会共享，提高公共信息服务效能的关键。目前，我国公共信息资源建设的广度与深度、内容与层级不断拓展，深层次的信息开放和针对性的信息服务也取得了明显成效。但整体来看，我国公共信息资源的分布呈现地区、行业等方面的不均衡，特别是县域地区公共信息资源拥有量总体不足，县域公共信息资源的服务水平与公众满意度不高。因此，我国公共信息资源管理需要进一步加强国家的宏观领导，统一规划部署、以健全的法律法规为保障，坚持以需求为导向，对县域地区特别是乡村地区予以重点扶持，充分调动社会多元力量、整合社会资源，切实解决我国县域地区，特别是广大偏远农村地区公共信息资源分配不均的问题。

　　首先，要加强国家对县域公共信息资源的战略性规划，强化政府在县域公共信息资源开发建设中的主导地位，改革县域信息资源管理体制，构建新型县域公共信息资源管理机构，推动公共信息资源全社会共享目标的早日实现。其次，国家应从宏观管理、资金扶持、直接帮扶等方面深入推进县域公共信息服务。从宏观管理来看，应加强国家对县域公共信息资源开发建设的战略部署，通过加强信息立法、政策推动、信息服务标准制定与行业指导、县域信息帮扶主体的培育、县域公共信息基础设施建设等，持续推进县域公共信息服务。从资金扶持来看，除了加大国家对县域公共信息扶持的直接资金投入，还可运用利益驱动原则，引入竞争机制，充分调动社会和市场的力量，建立多元化的公共信息帮扶体系。最后，加强国家对县域公共信息资源的组织领导，统筹各级政府部门纵横交错的公共信息资源，建立上下衔接、互相协调的公共信息资源组织管理体系，为县域公共信息资源建设和县域公共信息服务构建良性的信息生态环境。

5.3.2 转变政府职能，增强县域政府公共信息服务能力

所谓政府职能转变，一般是指政府职责和功能为适应客观条件的变化而发生的转换、变化和发展。[1] 处在现代化进程中的各国政府都把服务作为职能转变的方向选择。各国政府职能的服务化，大多将政府管理的功能目标从"管理"转向提供"服务"，而提供公共服务是政府职能转化的重点。[2] 在当今信息社会中，信息资源成了决定经济社会发展的重要战略资源，公共信息服务自然成了当前政府职能转变的关键领域。

首先，进一步完善县域政府公共信息资源管理体系。县域信息化建设的关键是县域公共信息资源的开发利用。政府作为公共利益的代理人，是县域公共信息资源开发利用的关键主体。县域政府对公共信息资源体系管理，主要包括政务信息资源整合、社会信息资源整合、公民个人信息整合、政府内部信息整合。其中，政务信息资源是指政府行政体系内部形成的文件、会议纪要、公文办公信息等；社会信息资源是指政府对社会各行各业信息资源的采集和利用，如经济、文化、科技和自然资源等社会基础信息；公民个人信息是指个人的生命特征和社会特征信息的总和；政府内部信息是指政府在履行职能过程中形成的内部个人及组织私利性信息。县域政府通过上述信息资源的整合，可实现公共信息资源的整体开发和综合利用。[3]

其次，进一步强化县域政府公共信息服务职能，推动县域信息公开和政务信息共享。美国著名的政治学家和公共行政学家 B. 盖伊·彼得斯曾

---

[1] 颜廷锐，等. 中国行政体制改革问题报告 [M]. 北京：中国发展出版社，2004：74.

[2] 邓集文. 当代中国政府公共信息服务研究 [D]. 武汉：武汉大学，2006：18–22.

[3] 夏义堃. 公共信息资源的多元化管理体系研究 [D]. 武汉：武汉大学，2005：151.

指出：“有效的公民权与参与的要求之一就是进一步开放政府，这种政府不一定要有对话理论家的激进意识，但它最基本的要求是制定政策的相关信息应该让公民甚至其他的正式政策者知晓。”❶ 在我国，政府是公共信息资源最大的生产者和拥有者，80% 以上的公共信息资源掌握在政府手中。作为公共信息资源中一种重要组成部分，政府信息资源是人民开展政治、经济、文化等社会活动的前提和基础。政府若能高效、快捷和顺畅地获取信息资源，则能有效减少信息寻租。进一步转化职能、深度开发公共信息资源、推动公共信息资源的流动与共享，是政府义不容辞的责任和使命。一方面，县域政府应充分利用县级融媒体及其他的电子政务平台，深度开发利用县域公共信息资源，丰富县域信息资源，活跃县域信息市场，提升公共信息服务效能。另一方面，县域政府通过多元化的传播渠道，促进公共信息的流动与共享，能更好地实现公共信息价值。公共信息的价值在于流动与共享：流动性越大、共享性越强，信息的价值就越能得到彰显。县域政府作为县域公共信息的最大拥有主体，通过多元渠道传播，促进公共信息的流动与共享，使县域居民拥有更多的公共信息，更好地了解和有效考量社会、市场环境，合理安排生产、生活，从事社会劳动与经济活动，创造社会财富，从而实现最大化利用公共信息价值。

5.3.3　保障县域居民的公共信息权利

公民权利是作为国家主体的公民所应享有的政治、经济和文化生活等各方面的权利。信息权利是针对信息领域的公民权利的统称，这个概念

---

❶ B. 盖伊·彼得斯 . 政府未来的治理模式 [M]. 吴爱明，译 . 北京：中国人民大学出版社，2001：80.

的兴起反映了人们进入信息社会信息意识的不断增强及信息权益观念的觉醒。公共信息服务权益是社会公众依法在政府等相关公共信息服务主体提供的公共信息服务中应享有的权益。❶其中，信息知情权、信息表达权是公共信息服务权益的基本组成部分。

第一，保障县域居民公共信息的知情权。知情权，又被称为知悉权、了解权、接触权和得知权等。❷广义而言，知情权是指公民应享有寻求、收集、接受、获取和传递信息的自由；狭义而言，知情权指公民应享有的获悉有关信息的权利。知情权的观念出现较早，1878年詹姆斯·威尔逊（James Wilson）在费城制宪会议上提出："国民有权知道其代理人正在做或已经做的事，对此绝不可任由秘密进行议事程序的立法机关随意妄为。"❸知情权作为概念被正式提出是在1945年，针对战时新闻管制而导致的报道失实问题，美国新闻记者肯特·库柏（Kent Cooper）提出了"知情权"这一概念。知情权是公民的一项基本权利，也是公民诸多权利的基础。"只有公众拥有信息，使公民自治、广泛参与国家事务才有可能""公民的权利就是官员的义务"，❹公民的知情权与政府公开信息的义务两者密不可分、相辅相成。政府公开信息、传播公共信息，使每一个社会公众能够便捷、及时地获取公共信息，能保证他们知情权的实现。首先，推动县域政府的信息公开是保障县域居民知情权的前提。其次，建立健全县域政府信息公开相关的法律法规，是县域居民知情权得以实现的制度保障。再

---

❶ 赵媛，陈曦，杨德兴. 论弱势群体公共信息服务权益的性质、构成及正当性 [J]. 图书馆，2016（11）：56–61.

❷ 王晓璐. 论公民知情权的法律保障 [D]. 郑州：郑州大学，2011.

❸ 芦部信喜. 现代人权论——违宪判断与基准 [M]. 东京：有斐阁，1983：379.

❹ 康芒斯. 制度经济学（下册）[M]. 北京：商务印书馆，1962：351.

次，建立科学、系统的县域公共信息传播与帮扶机制，提高县域居民的权利意识、增加县域居民的信息知识、提升县域居民获取信息的能力，是县域居民公共信息知情权得以实现的程序化保障。正如西蒙·诺拉（Simon Nora）和阿兰·孟克（Alain Minc）所说："一切能使人接触信息的机会增多的事，都将使人与人之间的对话更灵活和更有人性，使人们有更多机会参与社会事务，使个人的责任心加强，使弱者和'小人物'有更大力量抵抗'巨人国'或那些有财有权豪门的侵犯。"❶ 最后，发挥现代化信息技术的优势、拓展县域公共信息的传播网络是县域居民公共信息知情权得以实现的路径保障。通过网络和大众传播媒介等多种传播渠道，可弥补县域居民在获取信息中由于地域、文化水平、信息技术等方面的差异，克服信息非均衡分布，缩小信息分配中的不平等，使不同主体可以选择合适自己的信息获取渠道、使用公共信息，最终达到缩小信息鸿沟的目标。

　　第二，促进县域居民公共信息的表达权。信息表达权是指公民在法律规定的范围内，使用各种方式表达、显示或传播思想、情感、意见、观点和主张，而不受他人干涉、约束的权利，也称为信息自由表达权、表达权等。❷ 尽管网络语境下社会大众拥有了更多的话语表达空间，但并没有带来话语平权，网络社会中的话语权利结构依然存在，甚至在某些封闭圈层中有强化的倾向。在各种各样的公共事务中，掌握话语权的依然是精英阶层或强势群体，意见领袖、精英阶层因其庞大的"粉丝"群而拥有话语优势；而普通个体的言论影响力依然很有限，常常被淹没在众声喧哗中。

---

❶　西蒙·诺拉，阿兰·孟克. 社会的信息化 [M]. 施以方，迟露，译. 北京：商务印书馆，1985：11.

❷　李昊青. 现代权利价值语境中的信息公平与信息权利 [J]. 图书情报工作，2009（11）：46-49.

特别是一些弱势群体由于个人能力、知识水平、经济状况等多种原因，可能根本不知道通过什么渠道表达自己的话语权，完全处于失语的状态。因此，面向县域，特别是广大农村的公共信息传播与帮扶，首先应鼓励县域居民"要发声，敢发声"，通过信息援助与帮扶，激发县域居民自主表达的意识，增加其信息获取量、提升信息技能、帮助其建立要发声的意识和敢于发声的信心与能力。其次，帮助县域居民"能发声，可传播"。畅通言路、建立上下通畅的信息传播与民意表达渠道，让县域居民充分表达各项需求，包括信息需求、安全感需求、自我表达的需求与利益诉求等。最后，政府部门应"重发声，应民意"。政府部门要善于运用现代技术手段，如大数据挖掘和计算机分析技术等，从"众声喧哗"式信息中找到县域居民的关切点、敏感点，及时发现问题、化解冲突，并在平等互动交流中达成社会共识，凝聚社会力量。

总之，县域公共信息传播与帮扶，应在思想上和战略上做出清晰的认识与明确的规划，应秉持长期、一贯、稳定的原则，多元主体协同参与，坚持以人为本，精准施策，在延续的基础上不断完善，这样才能真正成为服务于县域居民的民生工程，更好地实现对县域居民信息权利的人文关怀。

第6章 县域公共信息传播与信息帮扶的实施路径

县域公共信息传播与帮扶不仅需要国家宏观层面的推动，完善相关公共信息管理、服务的法律法规，加大县域信息基础设施建设，改善县域信息传播环境，而且需要从微观层面为县域居民信息帮扶与公共信息服务作出周密细致安排。在实践层面上，县域公共信息帮扶应针对县域居民突出的信息障碍，联合政府、企业、图书馆和档案馆等事业单位及各种社会组织等多元力量，加强县域公共信息服务能力，为县域居民提供系统、专业、便捷的公共信息服务。同时，县域公共信息帮扶能从根本上改善县域居民的信息行为，优化其信息搜索、选择、甄别与利用能力，为解决信息鸿沟问题，推动县域居民的全面发展。

6.1 县域公共信息传播与信息帮扶团队组建

6.1.1 参与机构

县域居民公共信息服务属于政府部门的工作范围，由图书馆、档案馆等事业单位配合完成，但事实上县域居民信息帮扶无法由个别部门独立完成，公共信息服务的执行者应该多样化。政府部门应该联合企业、第三部门的力量通过协同合作的方式展开。政府部门统一部署、制定宏观政策与框架，其他参与机构各司其责、分工协作，依托信息帮扶的形式，对县域居民进行公共信息服务。

1. 政府部门

公共信息属于社会公共物品的范畴，大部分都集中在政府部门手中，提供公共信息服务本身是政府部门当仁不让的工作。县域居民信息帮扶是一种公益性的活动，需要政府利用公共财政来维持。在县域居民信息帮扶与公共信息服务中，政府部门发挥着十分关键的作用，具体表现在以下三个方面。

首先，政府要为县域居民信息帮扶进行政策指导、制定发展规划、提供制度保障。政府要完善公共信息管理方面的法律法规建设，特别是政府信息公开法、信息安全法、知识产权保护法等方面法律的建设，并制定信息帮扶的配套政策加以扶持，对县域居民信息帮扶的流程加以管制和规范。

其次，政府要加强对帮扶经费的投入与管理，争取资金进行公共信息服务基础设施的建设。政府还应致力于促进全社会范围的信息共享，组织专门人员分析整理公共信息，并定期向县域居民传递和推送。由于县域居民信息帮扶的开销较大，政府部门需要设立专项资金，并给从事公共信息建设和实施信息帮扶的公司、企业予以经费支持或者补贴优惠。例如，印度的海德拉巴德的黑泰克市政府采用免除特许权使用费的措施来吸引投资，联合企业组建高速光纤网。❶

---

❶ Rakewon da Chef. E-Government for the New Millennium [J]. political communication，2007
（10）：14.

最后，政府作为公众利益的协调者，必须保证公共信息权益的公平和公正，对公共信息资源的配置进行优化和协调，加快落后地区的信息建设，弥补信息鸿沟。政府应加大对县域居民公共信息服务的政策优惠和补贴力度，促进公共信息向县域居民流动。在公共信息服务过程中，如果发现有可能损害县域居民公共信息权益的行为，政府要加以管制和约束。比如，有些商业机构可能垄断某些公共信息资源并收取费用，这必然会给县域居民带来障碍，损害他们的利益。对此现象，出于维护公平的原则，政府有责任对商业机构的行为进行监督，为维护县域居民的公共信息权益保驾护航。

2. 图书馆、档案馆、信息服务中心等事业单位

与其他的主体相比，图书馆开展的县域居民信息帮扶较为成熟。图书馆不仅要继续为县域居民提供纸质、数字文献资料的借阅与查询服务，还要延伸县域居民信息帮扶的广度与深度。例如，国际图联成立了"图书馆为县域居民服务部"（Section for Libraries Seining Disadvantaged Persons），专门服务聋哑残障人士、服刑人员及家居妇女等县域居民。国际图联还号召通过南北合作援助信息基础比较差的地区，帮助他们完善网络基础设施 ❶。美国图书馆协会（American Library Association，ALA）下的 OLOS 办公室为未充分享受图书馆信息服务的人群提供"公平获取知识和信息"，针对处于边远地区的人群、城市和农村的贫困人口、残障人士，以及由于

---

❶　徐睿，蒋玲. 关怀弱势群体发展和谐社会——浅谈图书馆与和谐社会建设 [J]. 内蒙古科技，2006（9）：120–121

种族、信仰、性取向、年龄、语言和社会阶层而受到歧视的人群。❶博茨瓦纳图书馆也对残障人士实施了特殊的信息服务。❷英国的山德兰公共图书馆会驻派一些训练有素的员工帮助用户操作和使用。❸我国广东省每年由省财政划拨 500 万元专项购书经费支持中山图书馆的流动图书馆建设，为省内一些贫困地区设置流动图书馆。❹

　　档案馆也十分重视县域居民信息帮扶工作。其中，比较典型的项目：2008 年国家档案局在湖北宜都会议上提出的农村档案信息资源共享工程。农村档案信息共享工程重点是将有关"三农"方面的档案：①指导农民生产生活的"三农"的政策性文件；②关系农民切身利益的凭证性材料；③提高农民知识水平的技术性信息。通过各种行之有效的渠道，将信息推送给需要的村民，可实现农村档案信息资源共享的目标。❺档案馆对县域居民信息帮扶可以利用网络，把县域居民需要的档案文件上传到相关网站。这种方式最先进，成本也最低。不过这种方式对县域居民的信息设备和信息技术要求都比较高，会给没有联网和不能使用电脑的县域居民带来障碍。为了解决这个问题，档案部门可以派遣工作人员

❶　American Library Association.Office for Literary and Services. [EB/OL].[2013–12–25].http// : www. ala.org/ala/aboutala/ offces/olos/index.cfm.

❷　MOAHI K，MONAU R. Library and Information Needs of Disabled Persons in Botswana [J]. African Journal of Library，Archives and Information Science，1993（2）：125–132.

❸　肖雪，王子舟 . 国外图书馆对弱势群体知识援助的历史与现状 [J]. 图书情报知识，2006（3）：21–29.

❹　邓琼，张演钦 . 广东启动"流动图书馆" [EB/OL].[2013–12–25].http : //www.ycwb.com/gb/ content/2003 –11/23/content _605933.htm.

❺　代兴安 . 农村档案信息资源网络共享研究 [J]. 黑龙江档案，2014（5）：29.

把档案刻录成光盘，送到配置了电脑的村委会、街道办或者社区档案馆，邀请县域居民就近阅读光盘上的档案资料。例如，上海市徐汇区档案馆帮助社区内县域居民免费开放档案资料。在缺乏电脑和网络的地区，可以将档案资料整理汇编成册，送到村委会、街道办、社区档案馆、农家书屋等。❶除了纸质文献、光盘、网络这几种传统形式，还可以利用档案展览、影片型档案、电视档案纪录片、公共场所的电子显示屏或触摸屏、手机短信或微信、微博、论坛等其他形式为县域居民开展档案信息帮扶工作。

信息服务中心等事业单位是县域居民信息帮扶的中坚力量，在长期工作中积累了丰富的经验。如今，这些单位都基本上实现了网络化管理。信息服务中心要成为网络时代的公共信息传播者、公共信息导航者与信息专家，对公共信息进行筛选、加工、整理和挖掘，肩负起为县域居民传播数字化信息的重任。例如，非洲的5个国家（贝宁、马里、莫桑比克、坦桑尼亚和乌干达）已经建立了农村社区多功能远程服务中心，为当地农民提供现代信息与通信工具。❷

3. 私营部门

根据国家信息中心对全国 179 家信息内容服务企业和机构的调查显示，2003 年完全由政府投资的信息服务组织只有 59 家，企业信息服务组

---

❶　上海交大档案馆. 上海市高校档案工作简报 . [EB/OL].[2013–12–25].http：/ www.hebei.gov.cnlarticle/20051126 /87600.htm .

❷　肖雪，王子舟. 国外图书馆对弱势群体知识援助的历史与现状 [J]. 图书情报知识，2006（3）：21–29.

织的数量比例不断攀升。● 县域居民信息帮扶开支巨大，单靠政府有限的财政拨款难以维持，加之政府部门人手短缺，凭借政府部门的一己之力实施县域居民信息帮扶，显得心有余而力不足。在县域居民信息帮扶中，需要引入市场机制，需要引进私营部门中的信息技术专家、信息服务者等多方人士的配合对公共信息进一步提炼和深度加工，以响应县域居民的公共信息需求。公司、企业等私营部门在县域居民公共信息服务中功能主要体现在以下两个方面。

第一，私营部门在信息服务领域有先进的经验，也积累了许多成功的案例，在县域居民信息帮扶过程中可以择优借鉴和灵活运用这些素材。马克·伍德（Mark Wood）和斯科特·米其尔（Scott Mitchel）指出若可以借鉴私营部门的经验，在信息资源管理方面将更为有效。● 例如，借助电信公司的帮助，云南省于 2009 年 6 月开通了 "96128" 电话热线。云南省政府部门统一规划，为 "96128" 平台提供政策和信息资源保障。电信公司主导呼叫热线系统的硬件、软件建设及呼叫转接服务。社会公众特别是缺乏网络设备和上网技能的县域居民，通过此热线便可了解所需要的公共信息。私营部门的信息技术研发能力较强。例如，IBM 公司最早成立了全球信息无障碍中心，并设计出众多的残障人士专用的设备，如早期的发声打字机、盲文打印机和一系列助残软件等。

第二，借助私营部门经费支持，可以解决县域居民信息援助过程中政府财政困难、经费不足、信息服务成本过高等方面的问题。例如，印

● 匿名 . 中国信息内容服务业步履艰难 [J]. 中国信息界，2003（1）：14–17.

● WARD M A，MITCHELL S. A Comparison of the Strategic Priorities of Public and Private Sector Information Resource Management Executives [J]. Government Information Quarterly, 2004（2）: 284–304.

度联邦通信和信息技术局成立了 10 万个公共信息中心，总投资为 574.2 亿卢比，其中 409.3 亿卢比来自企业。❶

第三，私营部门具有更多的信息技术专业人才，可以有效弥补县域居民信息帮扶人手短缺的难题。企业中的一些信息服务专家、信息技术人员、信息化项目管理人员等，可以通过外聘、兼职、做志愿者的形式参与县域居民信息服务项目。2000 年 2 月，美国政府颁布了"从数字鸿沟走向数字化机遇"的动议和措施鼓励私营机构参与，创建社区技术服务中心，提供新形式服务，加快私营机构在城市贫困社区及偏远地区的高速网络建设。❷

总之，私营部门能为县域居民公共信息服务提供人力、服务、技术和经费等方面的支持。不过，私营部门为县域居民提供公共信息服务时可以实现服务居民和赢利的双赢局面。例如，百度针对县域居民，提出了"找销路，上百度"等广告口号，既方便了县域居民销售相关农产品，给县域居民带来了实惠；又扩大了百度公司的影响力，提高了品牌的知名度。

4. 第三部门

第三部门一般指非营利性的民间性团体和组织，它独立于政府和私营部门之外，以"无私、奉献、利他、助人"为理念，经常自发地组织活动来帮助县域居民。第三部门在常规的县域居民援助项目之外可针对信息领

---

❶ 石怀成，黄鹏，杨志维 . 国外推行电子政务公共服务的重点做法 [J]. 信息化建设，2007（9）：42–45.

❷ 邵培仁，张健康 . 关于跨越中国数字鸿沟的思考与对策 [J]. 浙江大学学报（人文社会科学版），2003（1）：130.

域，增加信息帮扶项目。第三部门在县域居民信息帮扶中能发挥不可替代的作用。公共信息服务志愿组织、信息无偿咨询机构、信息扶贫协会、信息免费中介组织、信息技术研究所等第三部门的机构在县域居民公共信息服务中的功能主要体现在以下三个方面。

（1）第三部门可发挥志愿者机制的独特功效，为县域居民信息帮扶投入时间和金钱，减少县域居民信息帮扶的成本。第三部门比较适合处理那些政府部门不方便管理、私营部门由于无利可图不乐意管理的事情。例如，美国的一些 NGO 就经常为社区的技术中心捐献资金和信息设备，还专门为县域居民提供一些有针对性的培训资料。第三部门经常深入县域居民中，与县域居民互动交往频繁，十分了解他们的公共信息障碍，能对他们的公共信息需求做出积极的回应。

（2）第三部门的服务人员极具爱心和责任感，能发出建设性声音，提供县域居民信息帮扶的反馈性建议，充当政府和县域居民之间沟通的桥梁。西方许多国家的政府经常通过签订合作协议来邀请第三部门对政府门户网站的无障碍建设开展测评，政府根据这些反馈意见修改完善无障碍设计，方便县域居民自由访问。第三部门参与县域居民信息帮扶的决策过程，能有效监督政府的行为，有效弥补行政机制的僵化与欠缺，甚至能解决县域居民信息帮扶中一些带有争端性质或纠纷性质的问题，有效缓和社会矛盾，协调利益冲突，促进信息公平。

（3）第三部门开展信息帮扶灵活高效，可满足县域居民多样化的公共信息需求，能有效弥补政府在县域居民公共信息服务方面的低效，以及私营部门在县域居民信息帮扶方面的动力不足等问题。第三部门特别是一些专业的信息服务机构，技术化程度高、经验丰富，政府部门在县域居民信息帮扶时应该联合第三部门，正如戴维·奥斯布（David Osborne）、特德·

盖布勒（Ted Gaebler）所指出："政府应该与第三部门进行合作互补，政府提供财政资助给第三部门，第三部门借助政府的财政支持完成政府规定的公共信息服务。"❶

县域居民的信息帮扶需要政府部门、事业单位、私营部门、第三部门的密切配合，取长补短，推动县域居民公共信息服务水平的提升。例如，宁波的"81890"政府公共信息服务平台就整合了政府、企业和志愿者的资源。除了宁波市的众多政府部门，"81890"还邀请790多家企业及社会上众多热心人士的加盟，提供的公共信息服务多达180项，日均受理的事务达3000件之多。❷ 如果"81890"没有整合这些资源，单靠政府部门运作是无法达到这么高的办结率和服务满意率的。

6.1.2　信息帮扶人员的能力要求

组建高效的信息帮扶团队是成功的关键，所以在公共信息帮扶开始实施之前应对人员的选拔活动进行把关。县域居民公共信息服务人员不仅要知识渊博、信息服务经验丰富，还应该懂得一些手语和盲文知识并会使用各种无障碍设备。县域居民公共信息服务人员的挑选有特殊要求，要针对县域居民的特点，具备以下几种基本能力与素质。

1. 乐于奉献的精神

具有依靠传统文化、道德风气、内心习惯和价值判断等精神力量对县

---

❶ 戴维·奥斯布，特德·盖布勒.改革政府——企业精神如何改革着公营部门 [M].上海市政协编译组，东方编译所，译.上海：上海译文出版社，1996：187-192.

❷ 戴云.81890：探索公共服务运作新模式 [J].上海信息化，2006（6）：39-41.

域居民公共信息服务行为产生的规范和束缚作用，是一种潜移默化的影响。道德有一种无形的、软性的力量，县域居民公共信息帮扶本身带有扶贫性质，基本上是一项无利可图的事情，而乐于奉献是帮扶人员必须具备的道德品质。一般而言，社会帮扶项目的成功来源于巨大的爱心，只有具备无私助人、乐于奉献、满怀热情的团队，才能解决县域居民的实际困难。县域居民信息帮扶过程中必然会遇到种种障碍，如果帮扶人员缺乏乐于奉献的精神，那么不管他们的信息技术能力有多强，信息帮扶的成效都很难让人满意。因此，县域居民信息帮扶人员选拔的首要标准：挑选具备乐于奉献精神的成员。

2. 全局把握的能力

县域居民信息帮扶不但要"授之以鱼——提供县域居民所需要的公共信息"，还要"授之以渔——提升县域居民的信息技能"。县域居民的公共信息需求满足与信息能力提升不是一蹴而就的工作，是一个漫长、艰苦的过程。要对县域居民公共信息帮扶项目进行系统地安排、全方位地思考，有步骤、有计划地进行。在安排信息帮扶方案时，需要用整体的、全局的思维看问题，不要局限于一时的成败或某一方面的进展，要高屋建瓴地着眼于县域居民信息能力的长远发展。

3. 换位思考的能力

县域居民的知识水平普遍偏低，倘若信息帮扶提供的信息内容和帮扶方法不能很好地被县域居民理解和接收的话，帮扶效果就会大打折扣。提供信息帮扶时只有站在县域居民的角度思考问题，才能切实体会他们的公共信息障碍、理解他们的信息困难。换位思考要求信息帮扶人员把自己想象为县域居民中的一员，站在县域居民的立场分析他们所处的信息环境，进一步分析他们的公共信息需求，预测他们对信息帮扶的反应，而不是凭自己的喜好、习惯或者想当然的假设来进行公共信息援助。

4. 敏锐洞察能力

一方面，洞察能力影响着公共信息收集和分析的质量，信息帮扶人员的洞察力越强，就越能敏锐地发现公共信息，掌握公共信息的变化情况，及时捕捉最新信息。另一方面，信息帮扶人员需要洞察县域居民所处的特定的公共信息环境，对县域居民的公共信息需求进行分析，准确判断信息帮扶活动中的潜在风险。只有帮扶人员具备敏锐洞察能力，才能及时调整信息帮扶的策略，纠正信息帮扶的偏差，防止人力、物力资源的浪费。

5. 良好的沟通表达能力

县域居民的文化水平不高，理解能力有限，甚至有些人性格内向、思想保守，不能顺畅地与陌生人沟通和交流，这些都影响帮扶工作的开展。信息帮扶人员应该具备良好的语言表达能力和良好的沟通能力。信息帮扶人员的口语表达要清晰，也要掌握沟通的技巧。例如，可以选择大家耳熟能详的俚语、俗语，还可以编一些公共信息小故事、电脑操作口诀、顺口溜等方便记忆。如果有条件的话，可以派本地的信息服务人员用当地方言与县域居民沟通。在信息帮扶的交谈过程中，要迅速领会县域居民的意图，寻找他们感兴趣的话题，打破冷场的尴尬。信息帮扶人员也可以选择书面交流，尽量避免晦涩、深奥的专业词汇，将难懂的道理、知识、技术以简单的形式表达出来。例如，教县域居民使用电脑时可加配操作图片，形象直观地展示电脑使用的流程。总之，沟通能力是县域居民公共信息服务和信息帮扶的一种必备能力，只有与县域居民沟通顺畅，实现无障碍沟通，才能充分发挥信息帮扶的作用。

6.1.3　组建高效的信息帮扶团队

人永远是组织中最重要的因素，发挥着主导作用。信息帮扶的人员来自政府部门、事业单位、私营部门和第三部门。不同特长的人员需要在紧密合作时各司其职，组建高效的信息帮扶团队，以其专业知识和乐于奉献的精神来保障县域居民信息援助工作的良好运行。团队是一组个体成员为实现一个沟通目标而协同工作。❶研究表明，团队能显著地提升个体的效率，产生"1+1>2"的协同效应。县域居民信息帮扶绝不是一项凭借委派几个信息服务人员就能完成的轻松工作，它需要一个为解决县域居民信息障碍而共同奋斗的工作团队。

为应对不同的信息帮扶项目，信息帮扶团队要比其他的组织形式更灵活、更具弹性，应变能力更强、反应速度也更快。信息帮扶团队成员按照自身性格特点、掌握信息技能的类型及县域居民信息援助的能力要求，被分派到不同的岗位，扮演不同的角色。信息帮扶团队作为一种高效的组织形式，参与成员可以迅速地汇聚、集合、委派与解散，能提高政府部门、事业单位、私营部门和第三部门的协作度和参与度。信息帮扶的团队成员并不一定集中办公，但可借助现代通信技术，如电子邮件、语音聊天软件、视频会议软件、微信等进行联系。组建信息帮扶团队，不仅能节约信息援助投入的成本（人力、财力和物力成本），而且能保持快速反应的

---

❶ JACK G, JAMES P. Chements. Successful Project Management [M]. Ohio : South–Western College Pub, 2002 : 188.

能力，迅速响应县域居民的公共信息需求。从政府部门、事业单位、私营部门和第三部门挑选适合的人组建信息帮扶团队，能在多方协作中交流经验、共享知识、发现问题、改进薄弱环节，这无形中提高了参与人员信息服务的技能，能有效改善县域居民公共信息服务的效率，增强县域居民的满意度。

信息帮扶过程中可灵活选择各种团队形式，依据具体项目情况来确定团队规模和团队成员，各成员分工协作共同保障信息帮扶的顺利进行。通常来说，组建一个完整的信息帮扶团队应该从政府部门、事业单位、私营部门和第三部门选拔具有相关业务知识和技能的人员，至少配备以下几种成员：团队领导者对整个信息帮扶项目负责，是信息帮扶团队的核心人物，一般选择县域居民公共信息服务经验丰富的人来担任。领导者必须具有较强的沟通、协调和组织能力，能把来自政府部门、事业单位、私营部门和第三部门不同背景的成员凝聚在一起，负责监督、掌控县域居民信息帮扶实施的全过程。领导者要求具备统筹全局的能力，能利用多年积累下来的经验对县域居民信息帮扶做出富有远见的规划和安排，能够切中肯綮地掌握县域居民公共信息需求的变化情况，能辨识、感知和观察信息帮扶的效果。

信息收集员主要负责收集县域居民可能感兴趣的一切公共信息。要求他们具备敏锐的信息捕捉意识，不但能及时帮县域居民搜寻到他们当前所需要的公共信息，还能预测县域居民未来公共信息需求的变化趋势，为解决他们今后的信息问题做好信息储备。信息分析员主要负责数据整合、分析及对公共信息的深加工，将公共信息去粗取精、去伪存真，以精练、通俗的形式表达、展示出来，方便县域居民理解和掌握。经过信息分析、提炼后的公共信息主要用来帮助县域居民解决生产、生活过程中遇到的具体问题。信息技术员是信息援助的技术骨干，他们一边留意最新信息技术的进展，帮助完善公共信息基础设施，对县域居民公共信息服务系统进行技术升级和性能优化；注意引入新技术，经过反复尝试和深入分析来帮助信息帮扶团队形成最优的技术工具组合，降低信息帮扶的成本，提高信息帮扶的效率。此外，还要负责县域居民的信息技术培训活动，以此帮助县域居民突破技术障碍，扫除信息技术疑难问题。信息帮扶员跟县域居民深入接触，一方面，调查了解县域居民的信息需求，把这些需求汇总，及时反馈给团队领导，提出可供选择的办法，并协同信息收集员、信息技术员等为县域居民解决信息困难；另一方面，负责把公共信息收集、公共信息分析的成果迅速传达给所需要的县域居民。此外，如果县域居民遇到经济上、心理上或者生理上的困难影响到他们的公共信息活动，都可以寻求信息帮扶员的帮助。

团队领导者、信息收集员、信息分析员、信息技术员、信息帮扶员来自政府部门、事业单位、私营部门和第三部门，为了实现县域居民信息帮扶的共同目标，以团队为纽带展开合作与互动。他们之间的互动关系并不是职能型的层级关系，而是在协作过程形成的一种网型的拓扑结构，团队成员各司其职、有条不紊地开展县域居民信息帮扶工作。在人手短缺时，一个人也可以身兼数职，既担任信息收集员又担任信息技术员，既担任信息分析员又担任信息帮扶员。

6.1.4　信息帮扶团队的主要任务

信息帮扶时，既要"授之以鱼，也要授之以渔"，重点从两方面入手。

一方面为县域居民推送所需要的公共信息；另一方面提高县域居民的信息素养。信息帮扶的环境高度复杂，为了及时应对环境的变化，团队领导者需要时刻观察外部信息环境的变化，跟踪、监督并指导整个信息帮扶活动的全过程，制定信息帮扶的战略和战术，使公共信息的收集、分析和利用条理化、系统化，保障县域居民信息帮扶的有效性。公共信息是信息帮扶必不可少的要素，信息收集员开展有针对性的收集活动，为县域居民收集所需的公共信息，组建一个巨大的信息资料库。公共信息收集方法可以选择问卷调查、专家访谈、田野调查、实地考察、案例分析、数据库检索、搜索引擎等。比较容易收集到的资料有报纸、期刊、图书等纸质文献。分布在互联网中的电子文档有文字、图片、声音和视频等多种格式，如果使用手工方式来收集费时费力，还可以借助专业的搜索软件采集网络公共信息。尽管收集到资料类型有一手资料或二手资料，但都要求做到准确、新颖和完整。为了确保公共信息的可信度，要对信息的可靠性程度进行分级，一般来说可以划分为 6 个类别：一类为完全可靠的信息；二类为基本可靠的信息；三类为部分可靠、部分不可靠的信息；四类为大部分不可靠的信息；五类为完全不可靠的信息；六类为无法判断可靠性的信息。信息帮扶必须确保为县域居民提供的公共信息可靠、准确，并得到合理利用。

　　信息收集员收集到的公共信息具有高密度、多维度的特点，需要进行深入分析。信息分析时要达到两个标准：①只保留县域居民最有用的公共信息；②将公共信息进行系统化地组织，以此改进和优化信息分析活动的流程，分析"关键问题"，为县域居民提供有价值的公共信息，即那些存在清晰的决策环境中、以可视化的形式呈现、易于消化和吸收的信息。信息分析员需要对这些公共信息进行汇总、整理、归类，公共信息分类的原则不是一成不变，需要根据信息帮扶的主题或公共信息内容特征制定分类依据。信息收集员可以使用信息分析方法：价值链分析、SWOT 分析、PEST 分析法、定标比超法、情景分析法、数据挖掘和知识发现等。为了最大限度提高公共信息分析的效率，信息分析员要遵循人脑信息处理的基本原理对信息进行加工，要从与信息帮扶目标联系在一起的事件、机会和行动中提炼出对县域居民最关键、最有用的公共信息。信息分析时要勇于打破常规思维的束缚，不能因循守旧而要突破创新，为县域居民提供深加工的优质公共信息。如果信息分析的起步阶段无法判断县域居民的喜好，可以建立一个初步的分析框架，随着思考的细化与深入再逐步修改此框架，同时引入专家的意见进行补充完善。随着分析的深入，对问题的理解逐步加深，原始的文档、文献和资料也逐步被信息分析员的观点、判断和结论所取代。

信息帮扶的实施进展可以采用展示的方式，将信息帮扶活动的实施状态、阶段成果按照时间和类别的顺序依据一定的逻辑流程展示在宣传栏、办公室墙壁、团队共享空间。团队领导者可以通过展示的内容了解工作的全貌，监控信息帮扶的最新进展，并据此下达新的指示。信息帮扶团队成员可以根据展示的内容交流经验、群策群力，更好地满足县域居民公共信息需求。县域居民公共信息服务面临的情况异常复杂，如果遇到比较棘手的问题，也可以将此问题展示出来，依靠集体智慧来探讨问题、思考对策，可以较容易地得出问题的解决方法。信息帮扶员最好以上门服务的方式把这些公共信息传送给县域居民，并能对县域居民全程开展信息技能培训。

对县域居民信息帮扶工作进行总结是最后一个环节，也是非常重要的一个环节。为了总结经验教训，提高县域居民信息帮扶的水平，还可以在县域居民信息帮扶工作结束后进行跟踪分析，把县域居民信息帮扶方案与现实结果进行对比分析，找出信息帮扶实施过程中失误或者薄弱环节，并将分析的结果反馈给信息帮扶人员。

6.2　县域公共信息传播与信息帮扶的技术选择与方法支持

功能强大的信息技术与方法能为县域居民信息传播与帮扶提供有力的支持，因此应该将信息技术融入县域居民公共信息服务的全过程。县域居民公共信息服务可以将各种技术与方法融合使用，其中最核心的技术包括信息收集技术、信息组织与分析技术、信息展示技术、信息交流与传播技术、信息检索与推荐技术五个方面。

6.2.1　信息收集的技术和方法

"巧妇难为无米之炊"，倘若没有获取充足的信息，县域居民的信息帮扶工作就无法开展。信息收集是县域居民公共信息服务的第一步。信息帮扶人员必须摸清公共信息分布的情况，探索信息形成、演化的基本规律，发现有价值的公共信息。公共信息呈现散布状态，科学的信息收集方法与先进的信息收集技术就是信息帮扶人员的有力武器。

手工方式的信息收集技术和方法，历史悠久，使用范围较广。信息帮扶人员可以通过人工查阅一些专业书籍、报纸、杂志、案例汇编、研究论文、统计资料、新闻访谈、词典、内刊、简报和专利等纸质出版物，来发现对县域居民有用的公共信息。信息帮扶人员可以先将纸质版的公共信息集中，再依托文献地图、文献时间分布图、文献内容直方图、文献聚类图、教材隐喻、书架隐喻和报纸隐喻等工具，建立信息之间的关联，方便县域居民检索、利用信息。信息帮扶人员也可以通过实地考察、田野调研、入户访问等方式，拜访政府、图书馆、档案馆、残联和媒体等相关部门，来获得适合县域居民的公共信息。为了采集高价值的公共信息，可以通过头脑风暴法、专家座谈法、开放式提问法、无领导小组讨论法、文本框法、德尔斐法等，在集体讨论、商议互动中激发灵感，制定公共信息采集方案。为了发现更深层次、更隐蔽性的公共信息，还可以利用人际网络、社会网络帮县域居民收集公共信息。例如，信息服务人员可以从县域居民的家人、朋友、志愿者、医护人员和顾问等关键人物那里获得一手信息。

公共信息服务人员特别是信息收集专员在帮助县域居民收集公共信息时，除了可以借助信息收集的传统方法，如文献收集、问卷调查、专家访谈、田野调查和案例分析，还可以借助网络信息自动采集技术，实时采集散布在网络平台上对县域居民来说有价值的公共信息。例如，C–4–U、Spider等软件借用搜索引擎原理，可自动采集互联网上的信息。自动方式的信息采集工具，能节约信息采集的成本，极大地提高了县域居民公共信息服务的效率。公共信息服务人员在利用自动采集技术收集公共信息的时候，也要充分考虑县域居民的个性化信息需求。例如，需要帮助县域居民自动采集农业科技信息、市场信息、农时农事信息等，帮助就业困难群体自动采集招聘通知、技能培训信息、政府就业优惠政策等信息，帮助老年群体自动采集护理知识、医疗常识、老年保健和养生常识等方面的信息，帮助听障人士自动采集手语光盘、手语视频、手语电子辞典等信息。

6.2.2　信息组织与分析的技术和方法

有序化、系统化的信息组织过程是县域居民利用信息的基础。信息组织指的是在采集到庞杂的公共信息后，先对其进行粗略地整理与提炼，再依据县域居民信息的差异化需求，按照一定的顺序与标准进行更深层次的分类和管理。通过系统、深入地整理加工，高质量的信息资源才能被县域居民有效利用。信息的组织过程包括分类依据与对象的确定、信息标引，在组织信息之后，还需要对其进行分析。

信息组织的前提是分类依据与分类对象的确定。分类依据的确定需要考量所采集的公共信息属性与特征，将具有相似性、相关性特点的信息归为一类，余下的差异性较大的公共信息则归为其他类。通过这一方式可建立起明晰的分类标准与体系，科学地归类与整合适用县域居民的各类信息资源。在分类完成之后，每一类别的信息实体便构成一个分类对象。在信息分类与整合的过程中，可利用以下三种方法：一是体系分类法，指依据概念划分的原理，按照知识门类的逻辑次序从总体到分支、简单到复杂进行逐级划分，整体上形成一个层次清楚、严格有序的树形结构，这也被称为层次分类法。此类操作方法的优势是层次分明、结构清晰且难度较低，但由于其采用单个列举式分类，会导致类别过多且无法囊括所有的内容，修改灵活性较小。对分类的层次性与逻辑性要求较高时可选择此方法。二是分面组配法，指将各个分类对象分解成若干个因素，按照一定的标准将其归纳为若干个"面"，分类时利用各种分面来组配成同一个类目。相对于体系分类法来说，分面组配法的灵活性较强，各个面之间不会相互影响，便于调整与扩充。但是，这种方法也可能会导致某些组配类目实际使用率低的问题。当对扩充度、灵活度要求较高时可采用此方法。三是混合分类法，指的是将以上两种方法混合搭配运用。通常以一类方法为主，另一类为辅，各取其长，互为补充，但实际操作起来较为复杂。综上所述，三类信息分类方法各有千秋，在进行县域居民公共信息帮扶的过程中，可依据实际情况择优选择。

信息标引也是信息组织的关键内容之一，是指在信息对象内容的分析的基础上，从内容中提取能够揭示与表达其重要内容的属性特征，并使用特定的语言和符号来进行记录，由此作为县域居民信息检索的关键信息。借助关键词标引，有助于县域居民准确、快速地检索与定位信息。同时，信息标引也能够建立起相关信息的连接，便于同类型公共信息的整合。信息标引可以参考概率标引法、统计标引法、语义分析标引法与句法分析标引法等方法。概率标引法包含两种操作方式，既可以依据关联性较强的信息内容之间的相关概率来进行标引，也可以根据含有相同标引词的提问与信息内容之间的相关概率来进行标记。统计标引法则通过假设某词语的出现频率与其所具备的信息区分功能具有紧密联系，来确定标引词，包括 N-Gram 法、加权统计标引法、次品统计标引法等。语义分析标引法需要在细致剖析信息内容文本的语义结构基础之上，精准识别出与主体密切关联的词语，并利用词语与文本内容之间的联系进行描述分析。语义分析标引常见的方法有相信函数模型（BFM）、语义矢量空间模型（SVSM）、潜在语义分析标引法等。句法分析标引法则通过深入分析话语的句法结构，明确标引词语的语法与词语相关句的句法之间的联系。句法分析的方法通常分为仅将句子解析为短语但不揭示两者间关系的浅层句法分析标引法，以及揭示语句主题表达能力的深层句法分析标引法两种类型。以上四类信息标引方法各有各的适用特征，在信息帮扶的过程中，可综合不同的帮扶场景及县域居民的信息需求来进行选择。

信息分析是信息组织后的重要一环，是指对公共信息由表及里、去粗取精的提炼过程。信息分析是指对采集到的原始信息进行深度挖掘，帮助县域居民获取新鲜及时、便于理解的、有价值的信息与知识。聚焦大体量信息内容的数据挖掘技术是公共信息分析的得力助手。通过数据挖掘技术，可迅速对大量的信息内容进行归纳、整理与分析，并通过数据间的相关性来揭示信息内容背后的含义与规律。这类技术能为县域居民的公共信息服务提供强大的支持。除此之外，在为县域居民提供信息帮扶时，信息分析软件的引入也能起到事半功倍的作用，如 Python、SPSS、STATA 等专业的统计分析软件，以及自动生成范畴软件、协作型过滤工具、内容管理工具等。

6.2.3　信息展示的技术和方法

信息展示环节要求简洁明了地展现县域居民所需的公共信息，帮助他们清晰地了解公共信息的内容和知识的来龙去脉，凸显信息处理过程的显现化特征。而信息展示的技术与方法则直接影响县域居民信息帮扶的效果。良好的展示技术与方法不仅有助于信息内容的符号化展现，从整体视角上也能清晰认识信息之间的关联性与交叉性，将内容的体系结构呈现出来。对公共信息的清晰展示有助于县域居民了解公共信息体系的构成与存储情况，在日常生活中更好地消化、理解和利用公共信息。

县域居民公共信息服务中，可以采用以下六种基本的信息表示形式：一是谓词逻辑表示法，其基本原理是将特定的规则、事实或事件表示为模态逻辑、多值逻辑、一阶逻辑、高阶逻辑等多种逻辑形式中的一种。二是语义网络表示法，主要是利用实体及其语义关系来表达知识的有向图，它利用概念及其背后的语义关联来整合信息，建立起一体化的语义网络。这种表示法通过语义入手表示公共信息，能够贴近县域居民的思维习惯，具有灵活、适应性强等优势。除此之外，语义网络表示法善于表示多元信息的交叉与关联性，可以最大限度拓展县域居民的联想能力。但美中不足的是，由于语义网络中缺乏统一标准的术语或词汇定义，其推导过程并不如逻辑判断推理那般严格有效，容易出现语义模糊的情况，可能会让县域居民在内容理解上产生歧义。三是框架表示法，指采用结构化形式来表示信息的数据结构，有助于详细描述信息之间的复杂关系。四是剧本表示法，它与框架表示法有异曲同工之处，均采取一组槽来描述事件与信息的发生序列。该方法适宜说明一些固定的时间序列、重复性事件和场景或描述一些顺序性动作、预先构思好的特定知识等。但该方法信息表示的形式较为呆板，使用范围比剧本表示法更窄，也不如剧本表示法灵活、通用。相对而言，剧本表示法要更胜一筹。五是脚本表示法，其结构也与框架表示法相似，但仅针对某些固定的事件序列和一些专门知识（如叙述一个解题过程等），适用范围要更窄一些。六是产生式规则表示法，该方法采用前因后果式的表达模型，适合表示公共信息中的经验性知识。在公共信息服务过程中，可根据县域居民的实际需要灵活选择，也可以同时选择某几种方法，搭配起来使用。

县域居民理解能力较弱，展示信息时可借助可视化技术来模拟、说明复杂的公共信息。可视化是以图形、图表界面的方式组织信息资源，通过与可视化表现工具之间的交互，利用人类自身的视觉系统帮助人们形成一定的思维模型，启发用户思维。❶ 可视化一词在词典中解释为视觉化、形象化的呈现。从古代开始，就有可视化表达的例子。如古代的渔民利用在木头上刻道的方法来记录捕鱼的数量。因此，可视化并不是一项新兴的技术，所有用图形化的形式来表达抽象概念与事物的行为皆可称为可视化。对于县域居民来说，可视化的形式表达比纯文字表述更活泼、形象，有助于加深居民们对信息的理解。公共信息系统庞大繁杂，通过空间及数字、色彩和图形等多类符号的可视化表达，可给予县域居民更立体化的呈现，有效激发居民们思考。国内外的众多网络检索系统都应用了可视化技术，如 IBM 的 CoBrowse 系统、TouchGraph 系统、Websphinx 系统等。可视化表达可以采用 IDL、VTK、Open Inventor 等可视化开发工具，以下有五类可供选择的可视化处理技术：一是图标显示技术，即将多维的数据项的属性值映射至具有一定特征的图标上，如 MGV 的星型、指针型图标；二是标准的二维或三维显示技术，如 Polaris 所使用的 X–Y 轴系图；三是密集像素显示技术，其将每一维数据值映射到某一种颜色像素，并将其聚集到邻近区域，如 MGV 的圆环段技术、递归模式及图表 Scetches；四是几何变换显示技术，该类技术侧重于多维数据集中变换的发现，如 Scalable-Framework 的平行坐标；五是堆叠显示技术，适合在多维数的情况下，表述层次分布数据，如维数堆叠、树影射等。

适合县域居民使用的还有虚拟现实技术，其是由计算机所生成的仿真三维立体空间，通过视、听、触觉等作用于使用者，使之产生身临其境的感觉。虚拟现实技术综合了仿真技术、传感技术、图像处理与模式识别技术、语言处理等多项科学技术，是现代仿真技术的进一步发展与应用。

---

❶　董献洲. 信息可视化技术在情报分析中的应用研究 [J]. 计算机工程与应用，2006：34.

将其引入至信息帮扶中，可借助县域居民本身对所接触事物的感知和认知能力，启发居民的思维，全方位地获取信息。以下四种形式的虚拟现实技术可在公共信息帮扶中应用：第一种是最基础的桌面虚拟现实系统，也称窗口中的 VR。该技术通过计算机屏幕来实现虚拟场景，功能简单，实现成本低，适合县域居民使用。第二种是沉浸式虚拟现实系统，居民们可以通过使用 VR 头盔、手套、眼球跟踪器等交互设备，感受沉浸式体验。在对县域居民进行技术演示与培训时，可采用该系统激发居民们的兴趣。第三种是增强现实虚拟系统（AR），是一种将真实世界与虚拟世界"无缝"集成的升级虚拟技术，可满足县域居民更高层面的要求。第四种是网络分布式虚拟现实系统（DVR），可以实现多个用户同时参加一个虚拟现实环境，并能通过计算机与其他用户进行交互，共享信息。该系统能将散布各地的信息帮扶人员与县域居民连接起来，构建一个协同的虚拟场景，便于信息帮扶人员与居民的交流。总体而言，虚拟现实技术不仅实现了更进一步的信息可视化展示，还构建了人机交互场景，为县域居民公共信息服务提供了有力支持。

6.2.4　信息检索与推荐的技术和方法

信息的检索与推荐机制是助力县域居民获取有效信息的得力武器，在信息帮扶过程中运用创新性的检索与推荐机制，使县域居民能最大限度地接收到具有针对性的公共信息内容，大大节省了他们的时间与精力。信息检索与推荐的技术方法有以下几类：个性交互式的聚焦型搜索引擎，具有针对性的公共信息推荐导航，智能化、简洁化与可预测化的信息推送机制等。

　　信息帮扶人员将收集到的公共信息分门别类整理好并存储在数据库、资料库、知识库中，方便县域居民查询检索。但县域居民公共信息检索界面不是机械、僵化的，应该是多样化、个性化的，可以提供不同的模板，让县域居民自主定制和自由选择自己喜欢的界面，并根据具体要求智能地适应他们的偏好。国外公司 Antarctic System 开发的软件 Visual Net 就在信息检索方面有所创新，其利用颜色与线条粗细变化来提示网站的相似度；同时，采用交互式系统，当用户点击某一网站时，可以快速绘制出与此网站相关联的图片，链接至其他网站，实现动态浏览。该软件已被广泛运用于搜索引擎及政府信息服务部门。借助国外的经验，在县域居民检索公共信息时，除了使用通用的工具如门户网站、信息平台、数据库检索和搜索引擎等，还需依据其特点，采用个性化的检索方技术帮助他们获取公共信息。因为通用型搜索引擎很多时候并不适合县域居民使用，或者返回海量的信息，给县域居民信息选择造成障碍，引发信息焦虑；或者返回烦琐杂乱的信息，给文化素质不高的县域居民造成理解困难；或者返回的信息没有针对县域居民的特点，无法满足县域居民的使用需要。为了解决这个问题，信息帮扶时可以采用面向县域居民的信息聚焦型搜索引擎，精准匹配他们所需要的公共信息。例如，面向下岗职工的聚焦型搜索引擎可针对下岗职工的信息需求，搜寻信息时能更好地聚焦如招聘、教育、培训等方面的就业信息。面向残障人士的聚焦型搜索引擎需要设计得更为人性化，除了可以定位于残障人士所需的医疗、康复、卫生、保健等健康信息，还需要融入一些无障碍技术。

　　县域公共信息推荐导航通过专业化的方式加工整合信息，同时按照不同维度来对县域居民进行分类，如性别、年龄、职业、学历和兴趣偏好等。

每一类别下都有不同的针对性内容，县域居民可以通过选择类别来进行相应的信息获取。

此外，县域居民公共信息推荐需要在深层次理解自然语言和语义内容的基础上，实现人机交互的智能化信息查询，将信息组织和信息处理的成果提供给县域居民使用。县域居民信息帮扶和公共信息服务时可使用一些信息推荐技术，分析县域居民的公共信息需求和兴趣等，形成针对每个个体的用户标签，以个性化的形式向县域居民推荐符合他们需求的公共信息。常被应用的信息推荐方法包含以下三类：一是知识点推荐，是在调研县域居民的学历水平、知识偏好、学习兴趣的基础上推荐公共信息；二是相关资源推荐，依据居民的知识查询情况，利用算法等技术来推荐相关资源；三是相关词汇推荐，更细化的相关资源推荐。通过居民输入的检索词语进行同义或近义词的联想扩展检索，以此来扩大检索的范围，赋予县域居民更高的检全率。

与此同时，基于用户画像的个性化信息滤波系统也能够为县域居民公共信息接收保驾护航。该系统通过建立简档来体现居民所关心的信息内容，并能够依据居民的画像进行个性化筛选与过滤，将与居民需求关联性弱的信息拒之门外，主动推送相关联的公共信息。而在县域居民的浏览过程中，软件实时记录下居民的浏览数量与停留时长，反馈给系统后进一步更新、完善简档。根据不同的过滤方式，个性化信息滤波系统可以分为以下两种形式：一是利用公共信息的内容特征进行信息过滤的"认识系统"；二是通过信息浏览者的注解与建议来进行信息过滤的"社会系统"。个性化信息滤波系统的核心技术是基于 Agent 的智能化过滤系统，可将该技术引入县域居民公共信息的过滤中。个性化信息滤波系统具体而言有三种方式：一是严格地按照居民所指定的兴趣内容进行过滤；二是参照具有相似用户特征的县域居民的过滤 Agent 行为进行协同过滤；三是在 Agent 智能化跟踪的基础之上，确定用户的兴趣偏好以生成个性知识库，由建成的个性知识库的规则来指导过滤。立足于以上三类过滤方式，若县域居民还未能找到相应的公共信息，它还会主动提供同义词、关联词扩展检索，帮助居民调整检索策略，同时将此次查询的结果进行系统反馈，以便下次实现更深度的过滤与匹配。基于用户画像的个性化信息滤波系统依托概念网络的多维认知结构，进行多维语义推理和动态链接学习，深入地挖掘县域居民的关键公共信息需求，为其推荐最具价值的公共信息。

另外，在公共信息推送时候应尽量做到简洁、清晰，减轻县域居民的信息负担，可挖掘网页文本中的核心信息，过滤掉网页文本中的无关或弱相关内容，形成基于用户标签的网页文档摘要，以简洁、明了的形式表示公共信息内容，为每个人推荐的公共信息可能截然不同，但极具个人特色。例如，为听力障碍人士推送所需的公共信息时，可采用服务器端语音推送技术，采用 VoiceXML 处理技术与听力障碍人士交互。此技术比读屏软件的功能更强大，可以对 Web 网页进行智能分析，能按照重要程度朗读网页，实现公共信息的精准推送。

在进行县域居民信息帮扶和公共信息服务时，也可使用一些预测手段，对县域居民未来的公共信息需求进行预测，指导信息推送活动。信息预测时可借助数据挖掘和知识发现技术，依托大量数据的深度挖掘而获得隐藏数据背后有价值的知识为县域居民服务。在专家短缺或者专家能力有限时，县域居民信息服务还可采用决策支持技术，以智能的方式帮助信息援助人员预测县域居民的公共信息需求的变化，以此为基础与时俱进地推送公共信息。

县域居民公共信息传播可以依托数字电视、微信公众账号、官方微博、门户网站、公共信息平台等方式。在公共信息沟通、交流方面，县域居民可以借助现代通信技术，如手机、电话、传真和电报等，也可以依托电子邮件、语音聊天软件、视频会议软件等进行联系，甚至可以在 BBS、聊天室交谈讨论或者利用微博、微信交流互动，真正实现天涯咫尺。信息帮扶以信息技术为基础，开展县域居民公共信息服务时可以综合运用这些技术与方法，为县域居民提供及时、准确、有用的公共信息，以增强公共信息服务的效率。

6.3　县域公共传播与信息帮扶的具体路径

县域公共信息传播与帮扶必须深入县域居民中间，细致了解县域居民的公共信息需求、密切观察他们的信息行为，据此指导他们的公共信息活动。县域居民信息素养的培育主要从县域居民信息意识的培养和信息行为的优化入手。所谓信息素养，也被称为信息能力、信息素质、信息技能等。该词是信息产业协会（Information Industry Association，IIA）主席保罗·泽考斯基（Paul Zurkowski）在 1974 年美国全国图书馆和情报科学委员会（National Commission on Libraries and Information Science，NCLIS）上提出的，即"所有经过训练的在工作中善于运用信息资源的人被称为具有信息能力的人，他们知道利用多种信息工具及主要信息资源使问题得到信息解答的技术和技能"。❶信息意识培养是推动信息行为产生的前提；信息行为优化是一种持续、深入的信息帮扶方式，是"授之以渔"的过程。信息行为优化，主要是指通过对县域居民的公共信息行为加以干

---

❶ PAUL Z. The Information Service Environment Relationships and Priorities.Related Paper No.5 [EB/OL] [2014–09–10]. http：//www.eric.ed.gov/ .

预，采用信息行为训练刺激他们形成良好的信息行为与信息习惯，帮助其减少或消除无效的或者不适宜的信息行为，从而达到优化公共信息行为的目标。经调查发现，县域居民的公共信息行为存在诸多问题，因此在开展县域公共信息传播与信息帮扶的过程中，就必须摸清县域居民公共信息行为的基本规律，设计一套行之有效的方案来指导他们的公共信息搜寻行为、公共信息交流行为、公共信息选择行为、公共信息利用行为，从而帮助县域居民优化和改进公共信息行为，提高他们的信息技能。

6.3.1　县域居民信息意识的培养

信息资源分布不均衡、信息意识淡薄是导致县域居民处于信息劣势地位的重要原因。相较于精神需求与发展需要，县域居民更关注如何满足生存需求，因而其信息意识普遍较低，存在公共信息价值认识模糊、信息敏感度低、信息辨识能力弱、公共信息需求表达不清等诸多问题。因此，对县域居民进行信息帮扶，要帮助他们厘清公共信息需求、提升公共信息敏感度、增进公共信息接收、传播与使用的能动性，从而实现县域居民信息素质提升的目标。

信息道德是信息素养的重要组成部分。所谓信息道德是指"在整个信息活动中，调节信息创造者、服务者和使用者之间关系的行为规范，如保护知识产权、尊重个人隐私、抵制不良信息、维护信息安全等。"❶ 目前，关于信息的法律法规还不完善，现实生活中盗用金融信息、阅读淫秽信息、传播虚假信息、侵犯他人智力成果等不道德的现象屡见不鲜。引导与规范人们的信息行为，不仅要依靠法律，还要辅之以信息道德这一无形的规则。

---

❶ 朱珍珍. 大学生信息素养教育研究 [D]. 桂林：广西师范大学，2011.

信息道德不仅关乎个体的文化素质、知识水平，而且与个人的精神境界与修养层次密切相关。关于信息道德素养的培养，可以从以下两方面入手。一是信息帮扶者要充分利用各种媒介，全方位加强信息法律、法规、政策的宣传力度，助力县域居民了解并遵守信息法律，提升县域居民信息法律法规素养，坚守底线，自觉抵制违法行为，捍卫法律的尊严。二是信息帮扶者要对县域居民的公共信息行为进行督促，特别是加强对不规范公共信息行为的监督力度，使其能够做到不生产和传播虚假信息、不窃取他人隐私信息、不发表侮辱攻击性言论、不参与信息诈骗、不侵犯他人知识产权、不观看淫秽信息、不传播暴力迷信信息、不参与反政府的信息活动。

县域居民信息意识和信息伦理的培养，不仅要晓之以理，还要动之以情，要尽量克服生硬式的说教或填鸭式的灌输。信息帮扶者可以结合县域居民的生活实际，通过生动形象的信息小故事，采用通俗易懂方式予以呈现并加以引导。以下是本研究在实施信息帮扶方案时所采用的小故事范例。

☆**小故事范例**

有一个古董商人，他发现一个人用珍贵的茶碟作猫食碗，于是假装很喜爱这只猫，要从主人手里买下。猫主人不卖，为此古董商出了大价钱。成交之后，古董商装作不在意地说："这个碟子猫已经用惯了，就一块送给我吧。"猫主人不干了，说："你知道用这个碟子，我已经卖出多少只猫了？"古董商万万没想到，猫主人不但知道猫食碗的珍贵，而且还利用了他"认为对方不知道"的错误大赚了一笔。这个故事告诉我们一个道理：掌握的信息越多，做出正确决策的可能性才越大。

除了上述案例，本研究通过改编新闻报道素材、历史典故、寓言传说、法律案例、亲身经历等形成了上百个信息小故事，限于书稿篇幅不一一列举。

6.3.2　面向县域的公共信息搜寻帮扶

信息搜寻是人类信息活动的起点，是将存在于人类大脑中的信息需求转化信息行为的第一步。公共信息的传播路径与可供获取的渠道是直接影响县域居民公共信息搜寻的关键因素。县域居民能否准确、及时、高效地获取公共信息，很大程度上取决于公共信息的传播路径与可供获取的渠道。在对县域居民进行信息帮扶时，应尽可能扩大公共信息的传播路径，保障县域居民信息获取渠道的通畅，推动信息获取方法与技术的优化，从而提升县域居民信息获取的质与量。具体而言，可从以下几方面入手。

首先，激发县域居民公共信息搜寻的主动意识。调查发现，县域居民搜寻公共信息的主动性不高、动力不足。针对这一现象，信息帮扶人员可先从提高县域居民的公共信息搜寻的主动意识入手。一方面，帮助县域居民充分意识到自身信息的不足与欠缺；另一方面，使县域居民正确认识公共信息的价值。相关研究表明，县域居民搜寻公共信息的概率与信息搜寻简易程度及信息价值正相关。当人们认识到公共信息的价值并发现自身相关信息储备不足时，会将信息价值和搜寻难度进行比较。若其感觉搜寻难度低于所需信息的价值时往往会展开信息搜寻，反之则会放弃。据此，在信息帮扶过程中，信息帮扶人员在充分了解与全面考量县域居民现实需求的基础上，可帮助其制定切实可行的搜寻策略，选择恰当的搜寻方式，降低县域居民公共信息搜寻的难度。

其次，帮助县域居民制定科学可行的信息搜索策略。在信息搜寻方式方法上，除了常用的传统信息搜寻方式，信息帮扶人员还应帮助县域居民掌握一定的计算机网络知识，使其适应网络时代现代化的高效信息搜寻新方式。信息帮扶人员可指导县域居民学习通过搜索引擎搜寻公共信息、浏览政府官网发布的权威公共信息、查看各大网络论坛的公众留言获取有价值公共信息。为减少公共信息搜寻的随意性与盲目性，信息帮扶人员可通过制定科学可行的信息搜寻策略，提升县域居民公共信息搜寻的效率，具体可参照依拓尔（Fidel Etall）的信息搜寻策略。

（1）直觉扫描策略，根据县域居民自身的第一感觉寻找公共信息。

（2）分析型策略，为实现公共信息需求，先分析出信息获取的对策。

（3）经验型策略，凭借县域居民以往的公共信息搜寻经验获取新信息。

（4）定点策略，即直接从县域居民已知的或猜测的渠道获取公共信息。

（5）相似性策略，搜寻与县域居民以前已经获得过的公共信息相似的信息。

（6）集中搜索策略，专门针对某一特定的主题集中搜寻公共信息。

（7）快捷灵活策略，迅速获取县域居民容易获得的公共信息，若依旧不能实现县域居民的需求，再迅速转移渠道，重新寻找新的信息源。❶

再次，提升县域居民对信息源的甄别能力。县域居民搜寻行为的第一步是寻找信息源。如何提升县域居民对信息源的甄别与区分能力，是提升县域居民搜寻行为能力的关键。针对网络空间中鱼目混珠、真伪难辨的公共信息，信息帮扶人员可指导县域居民有针对性地对相关公共信息源进行精准定位与有效搜寻，帮助其分辨不同来源、不同类型的公共

---

❶ 韩永青. 国外信息用户进展研究 [J]. 情报科学，2008（7）：1102–1109.

信息，通过合理甄别与分类搜寻，从信息源中提取有效的公共信息。网络时代信息环境瞬息万变，信息帮扶人员还可通过定期监控特定的公共信息源，把握信息的变化情况，帮助县域居民及时、准确地获取最新的公共信息。当县域居民在接收到一定数量的公共信息后，可根据自身实际情况，对公共信息的有用性、准确性和充分性进行评估和判断。若自身的需求得以满足便可终止搜寻公共信息，反之则遵循 MarciaBates 教授提出的采摘（Bony-Picking）模式重复上述步骤继续搜寻。对公共信息进行补充查找。在帮扶县域居民搜寻公共信息的过程中，县域居民将会收获新知识，对相关事物的理解也将进一步加深，其公共信息需求相较于初始阶段也随之发生变化。

最后，注重县域居民信息搜寻中的心理状态与情绪转换。信息帮扶人员在帮助县域居民对公共信息进行搜寻时，要时刻关注县域居民信息搜寻时的心理状态及其情绪的转换。根据调查研究发现，县域居民信息搜寻时的心理状态和情绪转换与库尔斯奥提出的观点相契合，在不同阶段表现不同的情感与心理特征。第一阶段，刚开始搜寻公共信息，可能因对自身信息能力不自信而忧虑与迷茫；第二阶段，因不断实施公共信息获取行为，逐渐累积经验，县域居民会稍感兴奋，但依旧不自信；第三阶段，伴随时间推移及公共信息搜寻成本的增加，怀疑、恐慌乃至气馁的心态可能出现在县域居民的信息搜寻过程中；第四阶段，县域居民对主题逐步熟悉，公共信息需求更加明确，并建立起公共信息搜寻的思路，逐渐乐观起来，开始有了自信的感觉，不确定性减弱；第五阶段，县域居民所掌握的公共信息日益丰富，进一步加强自信与信息能力；第六阶段，是公共信息搜寻活动的收尾阶段，县域居民基本上完成了自身的信息目标，获得了成就感与满足感，处于轻松状态。在这个过程中，信息帮扶人员要把握被帮扶对象心理情况和情绪转变的轨迹，做到张弛有度。在前三个阶段县域居民最容易退缩，放弃对公共信息进行搜寻，因此信息帮扶人员要对帮扶对象的心理状态和情绪变化时刻关注，做到"以进为主"，引导其调整搜寻方式与策略，进而帮助他们跨越信息搜寻障碍，打消搜寻公共信息时的顾虑。步入第四阶段后，信息帮扶人员应适当放手，激发被帮扶对象的自主查询信息行为，做到"以退为主"，让被帮扶者逐步掌握公共信息搜寻的关键，感受公共信息获取行为所带来的成就感和满足感，这种感受又将成为下次对公共信息进行搜寻的动因之一。英国传播学家麦奎尔（Mc Quail）等人主张："获取信息是一种自发的信息行为，能给个体带来快乐的感受，因为信息查询暗示了人们对内心状态的不安宁（知识异常态、不确定性及内藏的需求）所采取的行动。"❶虽然在进行公共信息搜寻的初始阶段，县域居民对自身的公共信息搜寻行为不自信，可能会引发信息焦虑，但伴随公共信息搜寻活动不断展开，县域居民逐渐扩大公共信息的占有量。在搜寻过程结束后，信息帮扶人员可以对公共信息进行后期处理，降低县域居民解码公共信息的难度，减少信息的不确定因素，减少县域居民信息焦虑状况出现的可能性，促使县域居民所拥有的信息和知识变得更加多样，从而不断增强其竞争力。

6.3.3　面向县域的公共信息交流帮扶

信息交流行为是一个多元互动的过程，信息传播者通过各种传播渠道将信息传递给相应的信息接受者，并等待信息接受者的反馈，以实现信息

---

❶　孙玉伟. 用户信息行为研究的理论基础探源（下）[J]. 图书馆杂志，2011（11）：9–15.

共享。通过信息交流行为，县域居民的信息量得到不断扩充，并减少了其对客观世界未知领域的不确定性；同时，在信息交流中大量地积累了经验，促进其认知水平的提升与思维能力的拓展。对于县域居民的公共信息交流帮扶，帮扶人员可以从情感维度、个体特性、群体认同、社交网络、交流工具、交流方式等多方面予以帮扶。

第一，情感维度。情感体验是促使公共信息交流行为的元动力。个体是否愿意参与公共信息交流，除了受到工具取向影响，还受到情感因素的影响。情感因素是推动信息交流行为的最初驱动力。县域居民的公共信息交流行为受到情感因素的制约，信息交流过程中的情感体验是推动公共信息交流行为的基本动因。公共信息交流不仅能拓宽县域居民的视野、增长见识、提升信息水平与信息能力、扩大公共信息占有量；而且能给信息交流双方带来身心愉悦的情感体验与心理满足，并因此获得情感与社会报偿。通过调研发现，积极正向的情感体验能激发县域居民的信息交流行为，而胆小犹豫、害怕沟通等不良情绪会阻碍县域居民公共信息交流行为。因此，在进行公共信息交流帮扶时，要重视县域居民的情感体验，充分激发他们健康向上、身心愉悦的情感体验，消除不良负面情绪的影响。

第二，个体特征。个体的性格特征与社交风格是影响公共信息交流行为的重要因素之一。县域居民个体的性格特征与社交风格，在一定程度上会对公共信息交流行为产生影响。一般来说，愿意主动与他人交流沟通的人往往个性较为开朗，进行公共信息交流的意愿也越强。而较为拘谨的人则可能会回避或逃避信息交流。社交风格是由美国知名心理学家马瑞尔提出的概念，他将社交风格分为四种类型：亲切型、分析型、驾驭型、表现型。❶

---

❶　周佩. 高校图书馆用户信息行为及影响因素研究 [D]. 桂林：广西民族大学，2011（4）.

相关研究表明，相较于其他类型人格，亲切型人格的信息交流意愿会更高。因此，在开展县域居民信息帮扶时，应事先全面考察和科学分析被帮扶对象的性格特征及其社交风格，建立相应的信息档案或信息资源库；在此基础上，根据不同个体的性格特征与社交风格，统筹安排、分批分次开展信息帮扶活动。在帮扶过程中，可先激励性格外向开朗、亲切型的县域居民拓展其公共信息交流范围、增加公共信息交流频率，提升公共信息交流能力；然后，通过亲切型的县域居民潜移默化地影响和带动个性较封闭的县域居民，进行公共信息交流尝试，帮助其建立信心，引导其开展信息交流活动。

第三，群体认同。群体认同与群体归属感、相同经历等也会对县域居民的公共信息交流产生影响。在群体内部，个体的群体认同感、归属感与其交往诉求、交往意愿及公共信息交流频率呈正相关。在群体外部，相似的社会经历、共同的情感体验将推动和促进公共信息交流；倘若县域居民与群体外部成员拥有相似的社会经历、共同的情感体验，在双方进行信息交流时更容易产生共鸣，能在无形中形成一种公共信息交流的良好氛围，有利于推动信息交流活动的顺利开展。学者基莫托米尔（Kimmo Tuominen）和雷约·萨沃雷宁（Reijo Savolainen）指出："信息交流背景性质意味着一个版本的信息总是依赖于互动（迭代）的性质和交谈议论的范围，以及这个版本所设计完成的实际的社会目的。"❶ 而常活跃于县域社会信息传播网络中的意见领袖，在公共信息传播与信息交流活动中占据优势地位，往往能影响着普通民众的信息选择、关注点转移、情绪转化与情感调节，

---

❶ KIMMO T, REIJO S. A Social Constructionist Approach to the Study of Information Use as Discursive action [C]. Finland.1997 : 81–96.

是推动公共信息交流的关键。县域社会的意见领袖，可能是当地有声望的大家族长者、相关职能部门的领导者，也可能是"草根"网络红人或者某一领域的能人。信息帮扶人员可以从县域居民内部选出一些具有权威性、影响力、信任感、亲和力的意见领袖，由意见领袖组织县域居民围绕一些大众普通感兴趣的公共话题展开积极交流沟通，激发县域民众信息交流的欲望，从而有效促进县域社会的公共信息交流。

第四，社交网络。社交网络也会对县域居民的公共信息交流行为造成影响。社会交往的网络规模、信息交流的便捷性与公共信息的传播速度、效能呈正相关。美国知名社会学家格兰诺维特（Mark Granovetter），根据关系特征的四个维度——互动频率、感情力量、亲密程度、互惠交换，将社交网络关系分为强关系与弱关系，并提出"充当信息桥的必定是弱关系"的断言，重新审视了弱关系在社会信息传播中的力量。尽管在现实社会中，由于受到地域局限，县域民众更习惯利用强关系快速、便捷地获取公共信息。但是，根据格兰诺维特的弱关系理论，强关系更多是将性别、年龄、教育程度、职业身份和收入水平等社会经济特征相似的个体间联系起来。这种联系多局限于群体内部，所获取的信息相似性、重复性与同质化程度高；而弱关系更多发生在群体与群体之间，关系网络分布范围广，它比强关系更容易跨越社会结构与社会阶层的局限，成为获得更多信息与其他资源的桥梁，促进社会的更多元化流动。因此，在进行信息帮扶过程中，信息帮扶人员可充分发挥弱关系的优势，引导县域居民利用弱关系去开展公共信息交流，并通过弱关系获得更多重复性低、价值高的外部信息，进而激活县域信息社会的多元活力。

第五，交流工具。信息交流工具的便捷性能推动县域居民的公共信息交流行为。引导县域居民运用移动化、智能化的社交平台与方便快捷的信息交流工具，是扩大社交网络、降低信息交流成本、促进信息交流行为的重要途径之一。现代化的网络技术不仅使县域居民公共信息交流渠道得以拓宽，交流对象更多元，交流方式更丰富，从而大大地拓展了县域居民公共信息交流的广度与深度。信息帮扶人员可引导县域居民使用电子邮件、微博等公共网络平台向各领域权威人士请教、咨询，帮助他们通过使用QQ、微信、微博等社交媒体传播信息、表达意愿、参与公共话题的讨论，帮助他们采用视频会议、微信群、钉钉等线上方式召开村委会或社区会议，共同协商解决公共事务。网络化的交流方式使县域居民公共信息交流能有效突破时空及人员在场与否、人数多寡的限制，实现同步、异地、多元的公共信息交流。但是，由于网络交互主体的匿名性、多元性，且缺乏权威高效的把关机制，网络公共信息交流随意性突出，信息鱼龙混杂，容易对县域居民的公共信息交流造成干扰。因此，在公共信息交流过程中，信息帮扶人员需要帮助县域居民学会对相关信息进行有效辨识与科学甄别，以确保公共信息交流有效进行。

第六，交流方式。综合应用正式与非正式信息交流方式促进县域居民的公共信息交流。在日常生活中，县域居民习惯使用非正式的方式进行信息交流，如在偶遇时或平时无目的的谈话中交流看法，该方式随意性和无目的性特征明显。所交换的信息内容零碎杂乱、价值不高，甚至可能出现信息畸变或信息失真的情况。信息帮扶人员要帮助县域居民提高非正式交流状态下的交流质量，使非正式信息交流的主题有所深化。同时，定期召开研讨会、制定规章制度、发行正规出版物等有组织、有系统的正式交流的方式，在县域居民的公共信息交流过程中也应多被采用，提高县域居民正式信息交流的频率，促使他们获得更优质的公共信息。

综上所述，从情感维度、个体特性、群体认同、社会交流网络、交流工具的使用、正式与非正式信息交流形式等多维度优化县域居民公共信息交流行为，有利于县域居民获得丰富的知识、扩宽知识面，深化对公共信息的理解，从而缓解自身焦虑，提升县域居民的信息综合素养。

6.3.4　面向县域的公共信息选择帮扶

当县域居民意识到自身的公共信息需求并开展公共信息搜索或信息交流行为后，接下来将面对公共信息选择层面的问题。一是选择公共信息的来源渠道。寻找合适的公共信息，离不开高质量信息源的挑选及便捷的信息搜寻方式。二是选择公共信息需求的表达方式。县域居民自身的需求应尽可能被充分表达，但由于个体局限，一些县域居民很容易忽略对公共信息的主动选择，习惯将搜索采集到的或者交流中获得的公共信息照单全收，造成信息杂糅影响利用公共信息的效率。同时，一些县域居民在信息搜索过程中，为了确保公共信息检索与收集的全面性，往往会进行大范围检索，这样的话，很可能会得到许多无关或价值不高的公共信息。公共信息的选择将直接影响公共信息的利用。因此，在信息帮扶过程中，应引导县域居民对公共信息主动进行选择，提升公共信息选择能力，提升公共信息搜索的结果。

县域居民在进行公共信息选择时，遵循权威性、可靠性、价值匹配、省力性与经济性等基本原则。权威性与可靠性原则，一般是指信息来源的权威性和可靠性，即信息本身的社会信誉与信息来源机构的权威性直接影响人们对公共信息的选择。根据美国心理学家霍夫兰研究，信息来源的可信度将直接影响人们对信息真实性的判断和选择，即使同一内容的信息来自不同的信息源，人们对其发布机构的权威性与公信力将直接影响他们的选择和接受度。价值匹配原则，是指人们在选择信息时不自觉地偏向那些自己感兴趣或有需要的内容，而自动屏蔽那些不符合要求的内容。省力性与经济性原则是指，人们在选择公共信息时，往往会不由自主去选择那些花费力气最小的、获取更便捷的信息内容。

　　根据上述原则，信息帮扶人员在对县域居民公共信息选择进行帮扶时，有两个具体执行标准可遵循：一是相关性。相关性强的信息更易吸引用户关注。1975 年，积极心理学的创始人契克森米哈伊（Csikszentmihalyi）关注到这一现象，并提出了沉浸理论，认为人们往往把注意力集中在与自己相关的信息上并且过滤掉所有不相关的信息，从而进入一种沉浸的境界。❶ 美国的撒拉塞维奇提出："相关性是交流过程中来源与终点（接受者）之间接触效率的量度。"❷ 相关性是最基础的信息选择标准。相关性信息选择行为，既可以由县域居民根据自身的现实需要、个人兴趣等做出选择，也可以由公共信息帮扶人员协助完成，还可以利用搜索引擎、专业网络评估平台等现代化的信息工具指导公共信息的选择。二是适用性。与相关性的基本选择标准不同，适用性强调公共信息的价值与个体需求的匹配度，注重公共信息对个体的现实价值与需求满足。适用性越强，用户所获得的公共信息及其用途匹配度就越高。县域居民对同一公共信息适用性判断会因为职业、性别、年龄等因素的不同而千差万别，是否适用只有县域居民自己才清楚，故适用性标准应由其居民自身来判定，他人无法代劳。

---

❶　CSIKSZENTMIHALYI M. Beyond Boredom and Anxiety [M]. San Francisca : Jossey–Bass，1975 : 36.

❷　王以群，张力，张中会 . 用户情报认知行为模型 [J]. 情报理论与实践，1998（3）: 136–137.

　　县域居民个体认知类型不同，导致对公共信息选择行为也有所差异。个体的知觉、记忆思维等认知能力会影响个体的认知类型。美国心理家赫尔曼·威特金（Herman A. Witkin），把认知类型分为场独立型（FI）和场依存型（FD）两种。外部信息环境对场独立型人格的影响较弱，对场依存型人格的影响较强。场独立型的个体往往目标明确、有坚定的信念与是非判断准则，而场依存型人格易受外界环境的干扰，目标不清晰、独立判断能力较差，容易陷入选择混乱与纠结不定的状态。本研究发现，县域居民大多属于场依存型认知类型，因对自身判断缺乏信心而更容易跟风与盲从。故在引导县域居民选择公共信息过程中，可尽量减少无关信息的干扰，提供较清朗的信息环境，这样便于县域居民作出客观、真实、准确地判断而选择有效的公共信息。

　　信息帮扶时，帮助县域居民优化其公共信息选择行为，能够避免县域居民非理性地选择公共信息，克服首因效应和近因效应的干扰，避免路径依赖的不良习惯，为县域居民有效地利用公共信息奠定基础。

6.3.5　面向县域的公共信息利用帮扶

　　县域居民的公共信息搜寻与交流积累了大量原始资料，为公共信息的选择与利用打下了基础。公共信息利用是基于县域居民的现实需求而对信息选择行为的进一步深化，是信息搜索和信息交流的目的，可视为信息行为一个周期的终结点。

　　县域居民的公共信息利用，与个体对于公共信息的价值判断及其个人期许密切相关。赫约兰德（BirgerHjRland）指出："对于信息利用并不是客观产生的，而是通过人们生活经历的期望来阐释的。"可见，公共信息利用行为的产生，是一种主观建构的结果，是个体经历、使用环境与个人期许共同作用的产物。县域居民基于个人经历、使用环境、个人期许对公共信息的价值作出判断，分析和研判所获取信息的观点立场、现实价值等，并在此基础上，对公共信息有选择地加以消化、吸收与利用，将其纳入自己的知识体系，以便有助于解决所面临的各类问题。

县域居民的公共信息利用还受到其他诸多因素的影响，如正向的激励因素主要有社会报偿、学习效率与自我效能等；负面的阻碍因素则有可能来自公共信息利用环境、个体信息意识与信息利用技术等方面。在信息利用的帮扶过程中，应尽力强化激励因素的正面影响，弱化或消除阻碍因素的不利影响，趋利避害。

尽管县域居民的主观能动性较弱，但他们并非完全被动地接受公共信息，而是在将公共信息一定程度上转化为可消化理解的信息后融入自身的知识体系，在必要时凭借现实经验对信息进行再造。信息利用行为表现：利用者将公共信息由表及里，逐步深化，内化到自身知识结构中，促进其发生根本性变化，而非将所得的公共信息简单堆砌。在县域居民公共信息传播与帮扶过程中，要尽量调动县域居民的主观能动性。只有这样才能减轻县域居民的信息焦虑，使信息再创造的行为得以持续，保持公共信息活动的生命力。

因此，在优化县域居民公共信息利用行为时，信息帮扶团队应帮助县域居民科学、客观地甄别和分析公共信息的价值，将信息去伪存真、去粗存精，并对信息进行重新排列组合、加工整合，使之科学化、系统化，在此过程中县域居民的知识结构及思维方式将会得到进一步优化。泰勒（Taylor）的信息使用环境理论解释了信息使用环境和个人信息环境之间的相互建构及用户有效的被环境因素所影响的事实。❶ 基莫·托米宁（Kimmo Tuominen）和雷约·萨沃雷宁（Reijo Savolainen）认为："信息使用的研究并不能根据分离的个人或者居于特定的环境之外完成。"❷ 公共信息价值是在特定的环境中产生的，在理解、吸收的基础上，外部信息应转化为能够帮助县域居民解决日常学习、工作、生活中所面临的各种问题的内部知识结构。

总之，县域居民的公共信息行为受多种因素的制约，情况复杂，在进行信息帮扶时需要优化和引导县域居民的公共信息搜索行为、公共信息选择行为、公共信息交流行为及公共信息利用行为。在进行信息帮扶时，为县域居民提供信息是谓"授之以鱼"；而优化公共信息行为则为"授之以渔"。优化公共信息行为重点强调行为干预，相较于提供信息这类简单的帮扶而言层次上有所提高，更有利于帮助县域居民改掉一些陈规陋习，提升其信息技能、提高其信息素养。

---

❶　TAYLOR R S. Information use environments [J]. Progress in Communication Sciences, 1991(10): 219–222.

❷　KIMMO T，REIJO S. A Social Constructionist Approach to the Study of Information Use as Discursive action [C]. Finland，1997：81–96.

第7章　县域公共信息传播与信息帮扶案例

本书面向县域开展了公共信息传播与信息帮扶研究，部分案例的实施情况如下。

7.1　案例实况记录一

信息帮扶实施者与案例记录者：白友军。

7.1.1　研究设计

1. 研究思路

本次研究主要是通过访谈、实验、测量等方法深入细致了解帮扶对象，运用自身所学知识帮助县域居民解决实际问题，并通过本次研究了解县域居民究竟需要什么，以及如何解决他们的信息需求问题，以提高县域居民的生存技能与社会适应能力，从而为研究提供实践经验和帮助。

2. 研究方法

本研究主要采用访谈法、实验法，并结合测量结果进行分析。

3. 研究流程

（1）收集相关信息，通过量表检验，制定具体帮扶计划。

（2）具体进行帮扶，并做好实时记录。

（3）进行量表检验，通过访谈了解变化，通过量表前后对比总结并得出结论。

7.1.2　研究对象

具有研究对象信息见 7–1。

表 7–1　研究对象信息

姓名	受教育程度	性别	收入（月）	籍贯	年龄	职业
张 × 强	初中	男	1900 元 / 月	男 × × 省常德市桃源县张 × × 村	40 岁	无

帮扶对象张 × 强，× × 省常德市桃源县张 × × 村人。与妻子育有一子，母亲和自己一起居住在 × × 县照顾儿子，父亲在老家务农、儿子现年 11 岁，小学五年级学生。现张 × 强全家收入来源主要依靠家中农田及在附近乡镇打一些零工，每月的收入较低且不稳定。张 × 强会一些简单的电脑操作，但是因为家庭经济收入低、空闲时间少等原因，并没有机会长时间使用电脑、手机等设备，也无法使用电脑、手机等查阅相关的资料。他获取外界接触的主要途径是报纸和电视，但是因为几乎全天都在外面做

工,所以获取信息的机会也不多、效率不高。现在张 × 强遇到的主要问题:一是工作收入不稳定,并且收入低,无法承担越来越重的经济负担;二是儿子的教育问题,自己的知识水平已经无法对孩子进行课内外学习辅导;三是因信息意识缺失和缺乏信息技能,对各种社会优惠政策、福利信息等相关公共服务信息不够了解、查询渠道不通畅。

7.1.3　量表设计

具体量表信息见表 7-2。

表 7-2　量表信息

一级指标	二级指标	三级指标	得分(10 分 / 题)		评定标准	评定分析
			帮扶前	帮扶后		
信息知识素养	信息敏感性	能够及时捕捉生活中的信息	3	6	能否捕捉生活中的每一个信息,首先需要有判断信息的能力;其次能提炼信息内容,把握信息的根本	帮扶前对于信息的敏感度不够,无法判断是否属于信息;帮扶后对信息有了一个基本的认识,能够把握信息的基本内容
		能够过滤无用信息	4	6	能否将信息中无用的部分提炼舍去,使得信息呈现精简而又不影响其本来含义的状态	帮扶前具有判断信息有效与否的基本能力,但是对提炼信息的能力不够;帮扶后能够精简信息,提炼信息内容
		能够有效处理信息	4	5	将公开的信息内化为自己的知识,能够取其精华,去其糟粕	帮扶前只能简单地记忆信息内容,不能将其内化为自己的知识;帮扶后能够将信息的核心内容提炼并记忆

续表

一级指标	二级指标	三级指标	得分（10 分 / 题）		评定标准	评定分析
			帮扶前	帮扶后		
信息知识素养	信息需求	能够辨别自身的信息需求	6	7	能够明确地知道自己不同阶段的不同信息需求	帮扶前后变化不大，知道自己需要什么样的信息
		能够描述信息的关键词	4	6	能够用最精确的语言总结信息的内容，能够用明确的语言指出关键词，并用关键词指代信息	帮扶前对信息的总结能力不够，提炼信息关键词的技术薄弱方式不当；帮扶后能够快速地总结信息，提炼关键词
信息利用能力	信息保存能力	能够用不同的方式记录信息	3	6	能够采用不同的方式保存信息（如复印、下载、收藏等）	帮扶前对电脑等信息技术工具的运用掌握不足，运用不多，记录信息的方式是单一的大脑记忆和纸笔记忆；帮扶后能够熟练地运用电脑、手机等电子产品，能够熟练掌握百度、知乎等信息查询工具，能够使用简单的打印、转发等功能
		能够整理信息，以便以后参考	4	5	能够将信息分类别地保存，按照自己熟悉的方式保存，方便自己查阅	帮扶前对信息的整理能力不够，没有系统的信息归纳思维，只是进行简单的信息记忆；帮扶后掌握对信息的分类汇总能力，具备了最基本的信息归纳查询思维，养成了经常保存信息的习惯
信息利用能力	信息保存能力	能够使用获得的信息	6	7	能够有效地利用自己所获得的信息，使之产生二次利用价值	帮扶前后皆具有一定的获取信息运用能力，但帮扶前对信息的运用率不高；帮扶后能够进一步挖掘信息的价值

续表

一级指标	二级指标	三级指标	得分（10分/题）		评定标准	评定分析
			帮扶前	帮扶后		
信息利用能力	信息理解能力	明确信息之间的关系	4	6	了解信息之间的关系和联系，并知道如何获知信息间的联系，并有效利用	帮扶前，对于各类信息没有一个清晰地认识，所以不能对信息进行有效的分类；帮扶后，明确了同类、异类信息之间的联系，能够有效利用信息
		能够扩充或提炼信息	5	5	能够对本来的信息进行进一步的解释，扩充其内涵和内容，使其变得丰富；能够精简信息，在不影响信息本来意思的情况下用最简练的语言来表达丰富的内容	帮扶前后对信息都有一定的理解，但都不能够扩充和提炼信息，无法对信息进行二次加工
	信息概括能力	对信息做出明确判断	5	6	能够对所获信息的质量做出相适合的判断，能够将所获得的信息和相适应的资料或数据匹配	帮扶前无法判断信息的好坏与否，做不到取其精华去其糟粕；帮扶后有了一定的进步
		理解信息中心思想	4	4	了解信息所要表达的表面意义和隐含意义，抓住最关键的中心意思	帮扶前后对于信息的把握不足，尤其是政治类的信息，无法理解其更深层次的含义，可能是受到知识水平的限制
信息获取能力	信息工具选择	选择高效的信息获取工具	4	6	能够根据不同的信息类型选择不同的工具进行信息获取	帮扶前受自身条件所限制，对信息工具的运用和掌握不够，不能根据信息类型选择工具；帮扶后，能够有效地选择工具

一级指标	二级指标	三级指标	得分（10 分 / 题）		评定标准	评定分析
			帮扶前	帮扶后		
信息获取能力	信息工具选择	了解不同工具的优劣势	5	8	了解不同的信息工具之间的优缺点，并能够分辨他们之间的区别（如手机、电脑、报纸等）	帮扶前大致了解信息工具之间的不同；帮扶后对手机的轻便性、报纸的传统性都有了更多的了解
	信息获取方式	能采用多种方式获取信息	4	8	在同一情况下能够运用不同的方式获取信息	帮扶前对信息工具的利用不够，只会使用报纸和电视；帮扶后能够使用电脑、手机、图书馆等多种信息查询工具
		能根据不同情况运用不同方式	4	7	在不同的情况下，能够运用更有效的方式来获取信息，提高信息获取的效率	帮扶后更倾向于使用电脑这一高效率的信息获取工具
信息吸纳能力	信息创造能力	具有信息创造能力	3	4	能够对所拥有的信息深层次加工整理，通过新信息与原有信息的对比创造新的思想、概念和观点	帮扶前后对所具有的信息把握能力不够，不能对新信息和原有信息的对比创造新的思想、概念和观点
		具有发掘信息含义的能力	4	6	能够对原有的信息进行理解和分析，发掘信息更深层次的含义和新内容，以供自己使用	帮扶后能发掘信息更深层次的含义和内容，将信息更好地供自己使用
	信息共享能力	信息交流能力	4	6	能够通过多渠道多手段与外界交流，具有广阔的交流范围和丰富的内容，能够同外界分享信息	帮扶后能够更充分利用电脑、手机等媒介与外界交流，并且能够口头和别人分享信息，达到信息的互通有无

续表

一级指标	二级指标	三级指标	得分（10分/题）		评定标准	评定分析
			帮扶前	帮扶后		
信息吸纳能力	信息共享能力	对不同对象进行不同的交流	4	4	能够针对不同的对象，与其交流不同的信息内容，同时也能用不同的方式与不同的对象交流	帮扶前，与他人有一定的交流，但是信息分享的针对性与目的性不强，具有一定随机性与随意性；帮扶后更愿意主动交流与分享，能够运用在网络上了解到的信息，采用举例法、图文法等各种方法同别人交流
信息定位能力	表达信息需求	能够确定自己所需要的信息类型和范畴	4	4	能够确定所需要的信息范围和层次，划分明确的范畴和类型	帮扶前，对所需信息的类型和范畴没有概念；帮扶后对专业性知识了解依然不深，无法确定自己所需的信息类型和范畴
		使用明确的语言表达需求	4	4	能够用明确的语言表达自己的需求	帮扶前，无法明确表达信息需求；帮扶后对信息的描述能力依然不够，语言表达能力薄弱
	了解不同信息源	了解信息的产生、传递过程	3	3	了解不同的信息源特点，并熟悉和自己相关的主要的信息源	帮扶前，不了解信息产生、传播的过程；帮扶后对信息的传递产生过程还是了解不足
		能够识别潜在的信息源	4	5	能够识别潜在的信息源，并且开发信息源	帮扶前，缺乏信息开发的意识；帮扶后信息开发能力还是不足，无法扩充信息内涵

7.1.4　量表分析

通过量表前后对比分析，帮扶对象的一些指标帮扶前后发生了较大变化，张 × 强掌握了一些信息基本技能，综合能力得到了提高。但是有些项目受到了文化程度、知识水平等因素的限制，无法在短时间内获得较大改变。

7.1.5　研究过程记录

访谈法：对受助者基本情况的获取，最直接、最真实的就是面对面访谈。因此，在第一次接触帮扶对象张 × 强时，便与其进行了关于公共信息使用情况的访谈。帮扶后，通过访谈直接获知帮扶对象在公共信息使用方面的变化。

1. 帮扶前

【采访者】您现在主要是通过什么方式获取信息？

【受访者】电视、听他人说，以及从报纸中获得，不过通过报纸获得信息的机会比较少。

【采访者】您觉得您身边充满了信息吗？

【受访者】没有觉得。

【采访者】您对信息有什么特别的需求吗？或者说您知道您平常想要知道什么吗？

【受访者】不太清楚，平时只是关注一些自己喜欢的信息，对于不是很感兴趣的新闻也就粗略看看。

【采访者】那您对什么类型的信息感兴趣？

【受访者】喜欢新闻，包括国内外新闻，对娱乐的新闻不是很感兴趣。生活方面会了解一点有关教育的信息，主要是关于孩子的和关系自己生活的信息感兴趣。

【采访者】您平时对获得的信息有过整理吗？

【受访者】一般不会，平时也很少有机会接触很重要的信息，平时关于一些辅导班的信息，会帮孩子关注一下。

【采访者】您觉得您现在获取信息方便吗？

【受访者】一般，平时对于信息的要求不多，有时候想找一些信息的时候不是很方便。平时大部分时间都在工作，有时间关注新闻的时候发现信息量很多而且杂，看起来并不简洁；刚开始来××县做工的时候，找房子及相关证件的办理信息查找都很不方便。

【采访者】您是否考虑过信息获取方式的改变？

【受访者】考虑过，平时看到手机查询信息都很方便，但是经济情况不支持。

【采访者】您觉得现在的信息表现方式合适吗？您希望有什么改变？

【受访者】信息不具有针对性，电视和报纸缺少针对我这种务工人员的就业信息、子女教育信息及与生活相关的信息。

【采访者】您会和身边的人分享自己所获得的信息吗？

【受访者】什么算分享信息？平常聊天的时候会聊到身边发生的很多事，但是也就是闲扯而已。

【采访者】也就是说您平时还是会进行交流。您会对平常接触到的一些信息发表自己的看法吗？

【受访者】一些看不懂的信息就不会发表评论了，不过和自己相关的或者社会新闻还是会有一些自己的看法。

【采访者】您知道信息的来源和传播方式是什么吗？

【受访者】不太清楚。

【采访者】如果您知道了信息的传播方式，请问你会有选择性地选择信息的接受方式吗？

【受访者】如果能够有效利用的话，我还是愿意的。

2. 帮扶后

【采访者】您现在主要是通过什么方式获取信息？

【受访者】现在会使用网络之后，对于一些有针对性的、不容易查找的问题会用网络进行查找；平常会通过关注中央电视台新闻频道来了解时事新闻，并且将《潇湘晨报》作为纸质媒体的信息来源；经常会在回家休息时和家人讨论最近获得的信息。

【采访者】您觉得您身边充满了信息吗？

【受访者】学会运用网络之后，能感觉到身边其实充满了信息，平时并没有注意到的一些细节也属于信息的一部分，同时也发现了平时不仔细观察很难发现的一些信息。这些信息对自己很有帮助，主要还是自己受教育的机会太少，信息接受的机会太少，反应太慢，所以以前觉得身边并没有存在很多信息。

【采访者】您现在对信息有什么特别的需求吗？或者说您平常想要知道什么吗？

【受访者】当然了，我现在知道自己究竟需要什么样的信息了。学会运用网络之后，不再为找不到想要的信息而苦恼，也不再为不知道找什么信息而焦虑了，因为网络上信息很多，可以慢慢选择。特别需求的话，主要还是想解决现在工作中的问题，以及将来小孩的上学问题。你知道的，户口还是一个大问题，我害怕这个会影响小孩将来的小升初。现在明确地知道自己想要什么样的信息了，找信息更有针对性了。

【采访者】您现在对什么类型的信息感兴趣？

【受访者】现在我感兴趣的不仅仅是新闻方面的，以前是不会查找信息，现在知道信息的传播方式了，能够更好地查找信息，自己想知道的东西都能够找到了。现在我对天气、体育、教育和公共服务方面的信息都很感兴趣。

【采访者】您现在对获得的信息有过整理么？

【受访者】依然没有做过很专业的记录，因为文化水平不高，所以不知道怎么做记录，再一个平时没有时间做记录。不过对于有用的信息，现在养成了将其记录在纸上的习惯，这样方便以后查找，同时也加强一下记忆。

【采访者】您觉得您现在获取信息方便吗？

【受访者】和以前相比，现在获取信息更加方便了，因为获取信息的方式变多了，渠道也变得通畅了。虽然平时的时间不多，但是信息工具的高效率很好地弥补了这一点，让信息的来源更加广泛而精准。

【采访者】您现在希望信息表现方式有什么改变？

【受访者】现在我觉得需要加强信息辨识能力，网上信息虽然很丰富，但是信息质量参差不齐，会影响信息的获取，有时候花了很长的时间反而做了无用功。还有就是一些涉及专业知识的信息过于专业，看不懂。比如，经济方面的，自己对经济发展走势想有所了解，上次让你帮忙去查了查，一开始根本看不懂，还好有你解释给我听。

【采访者】您会和身边的人分享自己所获得的信息吗？

【受访者】会的，现在知道了怎么查询信息之后，大家有不懂的问题就都会来问我了，平时在和大家聊天的时候也是相当有帮助的！非常感谢你的帮助！

【采访者】您觉得这 7 天的帮扶对您来说有帮助吗？

【受访者】当然了，要不是你的帮扶，我可能还在为很多生活中的事情发愁。现在好了，很多事情能够自己解决，不用再干着急，可以有事前准备了。总之还是要多谢谢你！

7.1.6　帮扶记录

具体帮扶记录见 7-3。

表 7-3　帮扶记录

时间	日期	地点	内容
第一天	4 月 8 日	张 × 强工作地点	对其进行调查，了解基本情况
第二天	4 月 9 日	张 × 强家	向其介绍网络基本知识，教其查阅相关的资料；推荐其电视节目和报纸，方便其信息查询；向其推荐解决相关问题的政府部门
第三天	4 月 10 日	张 × 强家	针对其存在的困难进行网上查阅和材料准备
第四天	4 月 11 日	户外	去 ×× 就业培训场所询问就业培训相关事宜
第五天	4 月 12 日	人才招聘市场	带其去人才交流市场了解招聘情况并根据自己的实际情况和需求进行简历投递
第六天	4 月 13 日	张 × 强家	指导其使用政府热线，解决生活中的问题；实地咨询相关问题
第七天	4 月 14 日	张 × 强家	对其帮扶后的情况进行汇总总结

具体时间和措施如下。

（1）时间：4 月 8 日。措施：①使用量表，对其进行第一次测试。

②访谈，了解其基本情况，收集有用信息。③了解其需要解决的问题，制定详细的 7 日解决方案。

（2）时间：4 月 9 日。措施：①教其使用电脑，向其介绍详细的电脑知识，并推荐其去周边的网络中心查阅所需的资料。推荐其使用百度、贴吧等工具找寻自己想要的信息。②详细介绍各类报纸，以及其特征，并根据不同的情况做出选择。③根据自己的专业知识向其介绍政府部门体系，告知其机构之间的联系。

（3）时间：4 月 10 日。措施：①利用百度及知乎，帮助其查询 ×× 市的相关就业信息，了解最新的就业动态和就业趋势，根据帮扶对象的具体情况帮助其解决就业困难。②帮助其查询资料，制作简历。③查询其儿子的相关教育信息，向其推荐学习宝等学习软件，帮助其学习课外拓展辅导。④推荐适合其儿子用的辅导图书，并建议其多读书，多在网上查询适合自己的图书，以了解不断学习的重要性。

（4）时间：4 月 11 日。措施：①通过网络查阅相关人才培训的讲座，鼓励其自主学习相关知识。②去人才培训中心实地考察，根据需要接受培训。③帮助其分析自己的优缺点，制作简历。④帮其在网上查询提升自我职业素质的资料，协助其学习。

（5）时间：4 月 12 日。措施：①带其去 ×× 县人才交流市场了解情况，并有选择性地投递简历。②在网络中查找有关人才招聘的信息，进行网上投递简历。③引导其学会在网络中查找就业信息，并帮助其分辨网络中信息的真伪，避免其上当受骗。

（6）时间：4 月 13 日。措施：①帮助其通过电话查询平台或者官方网站查询教育局等部门的电话，通过电话询问相关问题。②携带好有关证件到县教育局、县公安局询问有关其儿子升学及自己户口迁入的有关问题。

（7）时间：4月14日。措施：①使用量表，对其进行第二次测试，利用前后量表进行对比，向其介绍前后变化以及分析结果。②访谈，了解其在接受帮扶后所产生的变化，以及可能存在的问题，尽可能想办法解决。③帮助其再次梳理一遍7天帮扶计划中的各类查询信息的技巧，并推荐其养成收集保存信息的习惯。④让他操作信息查询、信息汇总、信息分类、信息提取，帮助其纠正错误，加深印象。⑤询问其他的信息需求，并实地解决。⑥感谢他对自己研究工作的配合。

7.1.7　小结

因为受到经济条件、文化水平等多种因素的影响，我国县域地区存在一些像张×强这样的信息弱势群众。在平时的生活中，他们忙于生计，没有时间或者精力来获取信息，受到自身条件局限，他们也很难获得所需要的信息。因此，信息帮扶的存在是非常需要的。通过信息帮扶可为他们搭建信息平台，使他们能更好地享受信息社会的各种便利；同时也有利于县域信息社会的发展。从本次对张×强的信息帮扶可以看出，作为信息弱势群体中的一员，在当今这样的信息时代，他的各个方面都受到了限制。在信息帮扶过程中，他掌握了一些生产生活信息的获取技能，无论是对其个人发展还是对社会成果共享都能发挥积极作用，具有重要的现实意义。

7.2　案例实况记录二

信息帮扶实施者与案例记录者：陈卓。

7.2.1 研究目的

结合访谈、观察与测量结果，本案例选取县域内一名低学历、低收入及获取信息的能力水平较低的对象作为帮扶对象，对该对象实施公共信息帮扶，旨在探究公共信息帮扶方案对县域居民的信息意识与信息技能的影响。

7.2.2 研究方法

本次调研采用访谈法、实验法和观察法，用定性与定量的方法展开多维探究。在帮扶前了解帮扶对象的基本信息，并在此基础上制订一个为期7天的帮扶计划并实施计划。帮扶完毕后对帮扶对象再次进行测评，了解帮扶对象的信息能力提升情况，以便更直观、更有效地辅助调研的过程，从而更利于向县域居民提供公共信息帮扶。

访谈法是定性研究最主要的方法。访谈法可以分为不同的类型：①根据帮扶者与帮扶对象交流的方式分为直接访谈和间接访谈；②根据访谈的人数分为个别访谈和集体访谈；③根据访谈过程中可控制的程度，分为结构性访谈、半结构性访谈、无结构性访谈。

访谈法有以下步骤：①访谈准备；②进入访谈；③访谈过程的控制；④结束访谈；⑤访谈记录与资料整理。

本次调研主要采用面对面直接访谈，在帮扶前与帮扶后各开展一次。访谈的过程是一个人际互动的过程，在访谈中访谈者和被访谈者相互作用、相互影响，并对访谈的结果产生影响。这个过程分为以下几个部分：①事先进行问题准备；②对被访谈者进行提问；③对访谈过程进行记录，并通过观察其情绪、表情、动作进行问题的深浅性扩展；④在结束访谈后，对资料进行记录整理。

帮扶前，通过访谈了解帮扶对象的真正困难，有利于更好地制订 7 天帮扶计划的侧重点；帮扶后，通过访谈，对比分析帮扶前后帮扶对象的信息情况，了解帮扶的效果，明确是否达到预期目标。

7.2.3　帮扶对象

帮扶对象的访谈情况："我是小学毕业的，而且还是残疾人，找不到工作，不能获得收入。我丈夫是环卫工人，他的收入也不高。除了基本生活需要，我们会避免在其他方面有支出，加上孩子要上学，孩子的教育也需要一大笔钱。我每天做家务就耗了一天的时间，我没有时间也没有钱去学习。我平时生活已经很累了，没有时间去关注公共信息。"

利用《信息技能评估表》对帮扶对象进行评估，了解帮扶对象的信息意识与信息技能现状。帮扶者采用自然观察法观察帮扶对象的行为表现，具体情况如下：王 × 兰是位残疾人，生活能自理，能做家务，但需要的时间较长，没有参加过信息技能培训。她的家里没有电脑，有手机，但手机只能打电话和发短信。她小学毕业，懂得基本的拼写，但不懂得如何发短信，也不知道如何上网。她不知道公共信息具体是什么，也不知道如何去获取公共信息，认为没有关注公共信息对自己的生活没有影响。

为了解帮扶对象在日常生活中真实情况，帮扶者常以温和的态度与对象进行交流，给予他们指导和帮助。在公共信息帮扶过程中，帮扶者常常扮演一个引导者、一个促进者的角色，同时也是他们的朋友，以友好、包容的态度，对帮扶对象的行为做出客观评价。

7.2.4 个案的基本情况与测量结果分析

1. 基本情况

王 × 兰，女，1975 年出生，已婚，双腿行走不便，生活不能自理，有一个孩子，年龄 17 岁，丈夫是环卫工人。其本人长期找不到工作，一家人只靠丈夫的收入来维持生活。小学学历，懂得基本的拼写，对于信息意识、信息技能均没有太多了解，对于信息获取途径也不了解。家庭收入低，是当地的低保户，除了基本的生活需要和孩子的教育支出外，一般不会有其他方面的支出。个案基本情况见表 7–4。

表 7–4　个案基本情况

姓名	王 × 兰	工作状况	失业
性别	女	家庭年收入	12000 元
出生年月	1975 年 3 月	家庭年均月收入	3000 元
学历	小学	有无残疾	有
婚姻状况	已婚		

2. 访谈与观察结果分析

综合对帮扶对象的访谈及帮扶者的观察结果发现：①帮扶对象信息意识不强，不知道公共信息是什么，也不关注公共信息，认为自己的生活不需要公共信息也能过得下去，没有意识到公共信息的重要性。②帮扶对象缺乏信息技能，不会使用电脑和互联网，有时会感到不方便，但没有经济能力和学习途径去提升信息技能。③帮扶对象的个人学习意识不强，意识到自己的知识并不符合社会的要求，但没有实际行动去增强自己的知识和提高自己的竞争能力。

3. 测量结果分析

帮扶者利用《信息技能评估表》对帮扶对象的信息意识与信息技能进行测量，结果发现：帮扶对象的得分是 35 分，信息意识与信息技能薄弱，需要信息帮扶来帮助其提升信息意识与信息技能。

7.2.5　帮扶方案的制定与实施

1. 帮扶方案

为了提高王 × 兰的信息意识与信息技能，对王 × 兰进行从 2021 年 4 月 20 日到 4 月 26 日为期七天的公共信息帮扶，具体的方案见表 7–5。

表 7–5　帮扶方案

4 月 20 日	上午	引导帮扶对象认识电脑
	下午	指导帮扶对象学习电脑的基本操作
4 月 21 日	上午	与帮扶对象回顾上次学习的内容
		指导帮扶对象认识键盘
	下午	指导帮扶对象切换输入法
		指导帮扶对象学习打字，辅导她进行简单的打字练习
4 月 22 日	上午	打开电脑，运用练习打字的软件辅导帮扶对象练习打字
		引导帮扶对象认识百度的网站，并指导帮扶对象使用搜索引擎查找网络资源
	下午	引导帮扶对象了解政府门户网站，认识政府门户网站的用途
		指导帮扶对象在政府门户网站中查询和办理自己需要的服务
4 月 23 日	上午	回顾前几次的教学内容
	下午	带领帮扶对象去当地政府参观
4 月 24 日	上午	向帮扶对象介绍几款重要网络（电脑或手机）软件，并指导帮扶对下载软件
	下午	指导帮扶对象使用网络通信工具

4月25日	上午	回顾上次的教学内容
		帮助帮扶对象认识文字处理软件，并指导帮扶对象使用文字处理软件
	下午	针对公共信息的重要性和对帮扶对象自身的用处进行说明
4月26日	上午	回顾六天的教学内容
		对帮扶对象进行测试，了解帮扶对象六天的学习情况
	下午	针对帮扶对象的不足之处进行再指导
		再次说明公共信息的重要性，调动帮扶对象关注公共信息的积极性

7.2.6 帮扶效果分析

1. 公共信息帮扶效果定量分析

实验结束后，为考察方案对个案影响的持续性效果，帮扶者对个案在接受7天公共信息帮扶前、帮扶后的信息意识与信息技能进行比较，结果见表7–6。

表7–6 帮扶对象在接受七天公共信息帮扶前、后的信息意识与信息技能的变化情况

类别	各题分数														
题号	1	2	3	4	5	6	7	8	9	10	11	12	13	14	总分
帮扶前	2	1.5	2	2	0.5	2	2	2	2	2	2	6	9	0	35
帮扶后	4	2	4	4	1	4	4	4	4	4	4	9	12	12	72

由表7–6可知，帮扶对象的信息意识与信息技能水平整体呈上升趋势，具有了一定的信息意识与信息技能。可见，7天公共信息帮扶方案可以提高帮扶对象的信息意识与信息技能。

2. 公共信息帮扶效果定性分析

为了客观反映7天公共信息帮扶方案对帮扶对象信息意识与信息技能

的影响，帮扶者收集了帮扶对象接受 7 天公共信息帮扶方案前后各方面的资料。对相关资料进行综合分析，公共信息帮扶方案对帮扶对象信息意识与信息技能的影响效果，可以从以下两个方面得到反映：一是帮扶者在随机观察中对帮扶对象信息意识与信息技能的观察记录；二是帮扶对象在帮扶结束后的访谈记录。

（1）帮扶者的观察记录

王 × 兰在接受帮扶时非常认真，了解了公共信息的一些资料，学习了大量的有关信息技能与信息意识的内容。在帮扶结束后，王 × 兰已经建立了基本的信息技能框架和一定的信息意识，对公共信息有了一定的了解，并能主动关注公共信息，对公共信息有一定的重视。

（2）帮扶对象的访谈记录

我在接受帮扶前对公共信息并不重视，并不觉得公共信息能对生活有什么影响。可是我在接受了帮扶后，我才了解到公共信息是能够改变我的生活的；在掌握了一定的信息技能后，才发现以前认知是错误的。可以说这个帮扶改变了我。我学会了操作电脑，能够在互联网上寻找自己需要的信息，等到我更熟练地操作电脑后，估计有可能在网上找到工作，这是帮扶带给我的最大收获。

（3）观察与访谈分析结果

根据帮扶者在随机观察中对帮扶对象信息意识与信息技能的观察记录，以及帮扶对象在帮扶结束后的访谈记录来看，帮扶对象的信息意识与信息技能水平有了很大的提高，拥有了一定的信息意识，并且建立了基本的信息技能框架。由此可以发现，7 天公共信息帮扶方案可以提高帮扶对象的信息意识与信息技能。

综合以上定量分析和定性分析结果，信息帮扶达到了预期的目标：7 天公共信息帮扶方案可以提高帮扶对象的信息意识与信息技能。

7.2.7 小结

通过 7 天公共信息帮扶方案培养了帮扶对象的信息意识和信息技能，增加了帮扶对象的信息灵敏度，提高了帮扶对象的电脑操作水平，在此基础上，帮扶对象的信息意识和信息技能显著提高。从接受帮扶前到帮扶结束后，帮扶对象的信息技能和信息意识都有明显提升。可见，7 天公共信息帮扶方案在一定程度上能提高帮扶对象的积极性与主观能动性。

附录 1：接受 7 天公共信息帮扶前，帮扶对象填写的《信息技能评估表》

表 7-7　帮扶前信息技能评估表

请您回答下列问题，在您的答案后面打√（A 项答案 4 分，B 项答案 2 分，C 项答案 2 分，D 项答案 1.5 分，E 项答案 1 分，F 项答案 0.5 分；多选题每项答案各 3 分）							
您认为公共信息对你的生活和工作是否有用	A. 是		B. 否	√			
您认为生存在信息时代，具备基本的书写、阅读能力	C. 非常重要		D. 比较重要	√	E. 不太重要	F. 不重要	
您是否会使用电脑	A. 会		B. 不会	√			
您是否会打字	A. 会		B. 不会	√			
您每分钟的打字速度	C. 21~30 个字		D. 11~20 个字		E. 1 到 10 字	F. 0 个字	√
您是否知道如何上网	A. 知道		B. 不知道	√			
您是否知道百度的网址	A. 知道		B. 不知道	√			
您是否知道政府门户网站	A. 知道		B. 不知道	√			
您是否会使用搜索引擎（如百度等）查找网络资源	A. 会		B. 不会	√			
你是否会使用网络通信工具（QQ 等）	A. 会		B. 不会	√			

请您回答下列问题，在您的答案后面打√（A 项答案 4 分，B 项答案 2 分，C 项答案 2 分，D 项答案 1.5 分，E 项答案 1 分，F 项答案 0.5 分；多选题每项答案各 3 分）

您是否会使用文字处理软件	A. 会		B. 不会	√				
（多选）您获取信息资源的主要来源是	电子期刊或数字图书		网站的资源		卫星电视节目	√	图书报纸、期刊	√
（多选）您和其他人交流的主要途径是	网络通信工具（QQ 等）		手机短信	√	电话	√	面对面交流	√
（多选）您现在已经学会了用电脑做下列哪些事	浏览网页		使用搜索引擎		使用文字处理软件		使用网络通工具（QQ 等）	

附录 2：7 天公共信息帮扶结束后，帮扶对象填写的《信息技能评估表》

表 7-8　帮扶后信息技能评估表

请您回答下列问题，在您的答案后面打√（A 项答案 4 分，B 项答案 2 分，C 项答案 2 分，D 项答案 1.5 分,E 项答案 1 分，F 项答案 0.5 分；多选题每项答案各 3 分）

您认为公共信息对你的生活和工作是否有用	A. 是	√	B. 否					
您认为生存在信息时代，具备基本的书写、阅读能力	C. 非常重要	√	D. 比较重要		E. 不太重要		F. 不重要	
您是否会使用电脑	A. 会	√	B. 不会					
您是否会打字	A. 会	√	B. 不会					
您每分钟的打字速度	C. 21~30 个字		D. 11~20 个字		E. 1 到 10 字	√	F. 0 个字	√
您是否知道如何上网	A. 知道	√	B. 不知道					
您是否知道百度的网址	A. 知道	√	B. 不知道					

请您回答下列问题，在您的答案后面打√（A 项答案 4 分，B 项答案 2 分，C 项答案 2 分，D 项答案 1.5 分，E 项答案 1 分，F 项答案 0.5 分；多选题每项答案各 3 分）

您是否知道政府门户网站	A. 知道	√	B. 不知道					
您是否会使用搜索引擎（如百度等）查找网络资源	A. 会	√	B. 不会					
你是否会使用网络通信工具（QQ 等）	A. 会	√	B. 不会					
您是否使用文字处理软件	A. 会	√	B. 不会					
（多选）您获取信息资源的主要来源是	电子期刊或数字图书		网站的资源	√	卫星电视节目	√	图书报纸、期刊	√
（多选）您和其他人交流的主要途径是	网络通讯工具（QQ 等）	√	手机短信	√	电话	√	面对面交流	√
（多选）您现在已经学会了用电脑做下列哪些事	浏览网页	√	使用搜索引擎	√	使用文字处理软件	√	使用网络通信工具（QQ 等）	√

7.3 案例实况记录三

信息帮扶实施者与案例记录者：刘洋阳。

7.3.1 研究目的

本研究选取了一位县域居民中文化水平相对较高、愿意接受新事物，但信息环境闭塞、网络信息技术缺乏的独居退休教师，对其进行为期一周的网络知识培训和公共信息获取引导。通过对该帮扶对象实施公共信息帮扶，旨在探索针对县域退休老年人的公共信息帮扶方式，从而提升退休老年人群的生活便捷度、获得感和幸福感。

7.3.2　研究方法

本研究主要采用访谈法、实验法与观察法。

7.3.3　帮扶对象基本情况

1. 帮扶对象

王 × 莲，女，66 岁，独立生活，儿子在外地工作较少回家，但为老人买了一台电脑。老人日常生活较为简单，出门交际娱乐很少，家庭条件一般。老人曾从事小学教师的职业，因此学习能力与同龄人相比比较强，能够接受新信息和新事物，愿意认真学习电脑、网络等相关知识。因儿子不在身边及年龄、身体原因，一直没有机会学习信息技术，所处环境的信息比较闭塞，不能及时获取自己需要的公共信息。

2. 访谈结果

为了进一步挖掘帮扶对象在获取信息方面的需要，以及切实解决现实问题的需要，对其进行了简单的访谈，访谈结果整理如下：

【采访者】您好，请问您之前是否系统地学习过电脑或者手机上网功能的操作？

【受访者】之前还在职的时候，有的时候需要的话会学习一下。但是，还是有很多东西不会，或者拐个弯就不知道怎么弄了。不过基本的一些开关机什么的还是会的。手机上网的话，不是非常了解。之前用手机也不会太接触这方面的功能。

【采访者】您觉得有必要学习吗？

【受访者】我觉得还是非常有必要的。现在的网络很发达，什么事情都可以从网络上知道。所以，学习一下还是很好的，现在年轻人的生活已经离不开这些高科技的东西。

【采访者】如果有这样的机会可以教您学习，您愿意吗？

【受访者】我觉得像我们这样的，还是看个人意愿吧。我自己还是愿意学习一下的，活到老学到老嘛。虽然不知道到底能学成什么样，但是总会有些收获的，也能更了解现在年轻人的世界。

【采访者】您眼中的互联网是什么样的？

【受访者】我觉得很厉害，以前总听孩子说起，后来偶尔看他们用过两次，觉得真的挺好的。小小的一个网络，能包含这么多的东西。我们那个时候，哪敢想这些。时代不同了，高科技确实很方便。

【采访者】您觉得公共信息重要吗？

【受访者】我觉得还是比较重要的，不过有些信息跟生活的关系也不是很大。但是，平时多了解一下，关键时候可能就能用上。都说时代在变，这些信息还是要多了解，不能两眼一抹黑地过。

【采访者】公共信息在您的生活中有什么实质性的作用吗？

【受访者】还是有的，如生孩子的相关政策什么的，我觉得和我儿子就很有关系，多了解一下挺好。

【采访者】有了解网上公共信息平台吗？

【受访者】看我儿子上过，平时也和一些朋友聊天知道有这么个东西的存在。

【采访者】您身边的朋友中，有通过网络了解公共信息的吗？

【受访者】我们这些人老了，网络了解公共信息要懂电脑的，我们不懂。所以平时也不怎么通过网络了解，不过偶尔可能也会跟着儿子看看。

【采访者】您觉得什么样的渠道最适合老年人了解公共信息？

【受访者】社区那个贴报纸的亭子，平时没事买了菜就喜欢去那看会儿。遇到大家都关心的话题，大家伙还能一块儿讨论。还有就是电视新闻什么的，很贴近生活，很实用。

3. 观察结果

帮扶者采用两个下午的时间观察帮扶对象，主要观察帮扶对象在日常生活中对信息的接触与使用情况。具体情况：第一天下午，王奶奶处理完杂物后在沙发上打开了报纸，从头到尾仔细阅读了约一小时。在阅读过程中，王奶奶每阅读到一些本地新闻时，总是很惊讶地表示自己之前完全不知道这些事情。帮扶者问起王奶奶平时都通过哪些渠道了解政府政策等公共消息，王奶奶说只有从每天的新闻联播、当地新闻、报纸、村公告栏中固定接收到公共信息，但以上信息来源的实用性欠佳，会不时错过一些和自己切身相关的信息。阅读完报纸后，王奶奶陷入了放空的状态，无所事事的她打开了电视机，但是大部分新闻都是重播，并没有能吸引她的电视节目。第二天下午，帮扶者为王奶奶带去了无线网卡，并向她操作演示了如何利用互联网浏览当日新闻，展示了人民网、新华网、凤凰网等网站的头版头条和特色栏目，王奶奶表示未承想到网络上信息的覆盖量如此之广，让人应接不暇。接着帮扶者又操作了如何回顾往期的新闻，并通过登录政府门户网站查询与老年人相关的政策信息，最后为王奶奶播放了她最感兴趣的体育赛事专题视频新闻，王奶奶不禁感叹道："终于明白了为什么现在有些年轻人成天低头看电脑看手机，网络真的太方便了。如果学会用电脑上网的话可丰富平时的生活，也不怕会落伍或者错过有用的消息了。"

以上对帮扶对象的观察与访谈结果基本一致，综合以上决定将王 × 莲老人确定为本次的帮扶对象。

7.3.4 帮扶前的信息能力评估

本案例结合访谈、观察与实验结果，选取无电脑操作技能和网络使用经验的独居老人作为帮扶对象，指导帮扶对象学习电脑操作的基本技能，使其掌握获取公共信息的网络渠道，实现以现代化、数字化的方式为处于信息弱势地位的老年人提供公共信息帮扶的目标。研究采用定量和定性两种方法探索研究个案。定量研究通过《信息能力评估表》，研究信息帮扶对象在电脑、网络技能教程中公共信息获取能力的变化状况；定性研究则是在信息技能教学方案实施前后，对老人获取公共信息的态度和方法变化状况进行语言描述和分析，并进行小范围访谈对比帮扶前后个案公共信息获取能力的客观变化状况。本案例通过定量和定性两种研究方法展示信息帮扶对象获取公共信息能力的改变，分析转变的原因和关键，从而制定有针对性的帮扶方案。

为进一步检验公共信息帮扶方案的有效性和适用性，选取步骤如下：采用信息能力评估表对帮扶对象进行测试，从信息意识、信息技能、信息能力和信息素养等角度出发，将帮扶对象对公共信息的态度和获取信息的能力进行量化，最终得分 9 分（满分 100 分），具体测量数据见表 7–9。

表 7–9　帮扶对象的信息能力前测结果

测试提问	选项与相应分值			
	A（10分）	B（5分）	C（1分）	D（0分）
1. 平均每天接触互联网的时间	2 小时以上	1~2 小时	1 小时以内	0 小时
2. 使用电脑等电子设备的频率	经常	有时	偶尔	从不
3. 认为获取公共信息的难度	容易	一般	比较困难	非常困难
4. 对公共信息的使用频率	经常	有时	偶尔	从不
5. 所获取公共信息的时效性	即时信息	一周内信息	一月内信息	过时信息
6. 所获取公共信息的质量	非常高	比较高	一般	较差
7. 所拥有的个人网络账号数量	3 个以上	2~3 个	1 个	0 个
8. 每分钟打字速度	100 个以上	51~100 个	21~50 个	50 个以下
9. 每天浏览的网址数量	10 个以上	5~10 个	3~5 个	3 个以下
10. 会使用的电脑软件数量	5 个以上	3~5 个	1~3 个	0 个

姓名	年龄	题号	选项	得分	题号	选项	得分
王 × 莲（总计：9分）	66	1	D	0	6	C	1
		2	C	1	7	D	0
		3	C	1	8	D	0
		4	B	5	9	D	0
		5	C	1	10	D	0

　　总体来说，帮扶对象长期的信息闭塞，除了平时的电视新闻与报纸，他们对公共信息的接触面十分狭窄，加上身处的环境并没有发达的信息提供系统，对公共信息的认识和理解都不够深入，既不能随时随地获取自己想要的信息，又不能从现有的信息中有效率地筛选高质量的信息，因此对公共信息的需求和获取并不能达到平衡。

7.3.5 帮扶实施安排

（1）信息帮扶的辅助工具。《帮扶对象的信息能力观察表》、笔记本、无线网卡、笔记本电脑。

（2）帮扶者的角色。为了解信息帮扶对象在日常生活中真实的信息获取过程，帮扶者经常以耐心的态度与老人进行交流，了解老人在学习电脑、使用网络方面的疑难点、弱点，了解老人对公共信息的需求特点，给予其指导和帮助。在老人遇到操作方面的难题或者概念上模糊或混淆时，帮扶者会耐心地询问具体情况并不断调整教学方法让老人更好地适应，直到老人能够掌握技能或知识为止。如果老人对于教学有自己的想法或者要求，帮扶者会努力解答并按需教学，这样便与老人建立了良好的互动关系，有利于教学过程顺利开展。整体而言，在此个案研究中，帮扶者扮演一个了解者、引导者和教学者的角色，以尊敬、友爱、细致的态度，以客观的目光观察信息帮扶对象的行为、变化情况，做出具有适应性和实用性的评价。

（3）实验设计。研究采用 A–B 基线实验设计，旨在探索某种行为与实验处理的因果关系。A 代表基本条件，B 代表实验处理条件。A–B 设计实验结果的解释基于这样的假设：如果没有引入实验处理 B，基线 A 下的观测结果就不会发生变化。

基线 A 阶段——帮扶前测量是为了解信息帮扶对象获取公共信息和使用电脑的能力，帮扶者从 2021 年 4 月 17 日至 4 月 18 日对被试的电子产品使用情况和公共信息接触状况进行观察和测量并收集数据。这个过程主要了解帮扶对象更倾向于通过哪些渠道收集公共信息，日常使用哪些电子产品，信息获取能力的发展状况。观察和测量的时间选在 14:00~17:00。

基线 B 阶段——在帮扶对象的行为情况基本稳定后，引入电脑和网络教学帮扶方案。教学周期为 7 天，教学时间是每周星期二、星期六、星期日下午及其他时间的晚上，为了掌握教学方案的持续性效果，教学的第四天对帮扶对象的电脑操作能力和网络使用能力进行测量，并收集相关数据。同时，帮扶者做好观察记录。

阶段追踪——帮扶后测量在教学方案结束三天后，帮扶者对帮扶对象的公共信息获取行为和电脑操作过程进行两个半日的追踪观察，再次运用访谈法和《信息能力观察表》对被试者进行测量，从而了解帮扶对象能否将在教学过程中学到的电脑和网络技能运用于日常生活中公共信息的获取中。

7.3.6 帮扶方案的设计与实施

1. 帮扶目标

教授老人基本的电脑操作技能和网络使用技能，使老人能够运用电脑在网络上进行基本的信息浏览和收集，同时了解获取公共信息的网络渠道，熟练运用电脑和网络获取公共信息，不受时间空间的限制从而获取及时、有效的公共信息。

总目标：学会使用电脑和网络，获取公共信息。

分目标：①了解 Windows 系统，学会开机、关机以及处理电脑的基本问题，能够独立操作电脑。②学会使用 IE 浏览器上网，并能通过搜索引擎收集信息，通过浏览门户网站获取信息。

2. 帮扶方案的设计

综合对信息帮扶对象的问题分析，整个帮扶过程设计如表 7–10 所示。

表 7–10　帮扶方案设计

时间	内　容
第一天	熟悉 Windows 界面，学会最基本的电脑开机、关机、睡眠。了解桌面上每一个图标的大致功能，着重学会打开 IE 浏览器，解读 IE 浏览器菜单栏每个选项的拓展功能，并展示几个常用的网站页面（人民网、新华网、百度等）
第二天	首先，着重辅导拼音基本知识，帮助老人回顾拼音表内容和常用的易混淆拼写，然后教授如何使用搜狗输入法，以及开启手写键盘进行辅助打字，并进行 1 小时的强化复习。其次，介绍 Office 软件，以 Word 为主，教老人在 Word 和记事本中打字，并了解菜单中关于字号大小、字体粗细等针对老年人最实用的排版选项。最后，继续温习如何使用 IE 浏览器，并重点了解人民网的新闻页面，学会新闻窗口的开启和关闭
第三天	学会通过搜索关键字观看视频，并为老人注册新浪微博账号，关注公共信息及政府官方微博，为老人演示如何"刷微博"，将老人感兴趣的信息相关的账号分门别类，方便老人自行使用微博每日浏览信息
第四天	为老人注册微信，并教会老人使用网页版微信，订阅信息服务类公众微信号和关注本地资讯微信平台。此外，回顾四天来学习的全部内容，复习 3 小时巩固所学知识
第五天	重点教授老人使用百度搜索引擎在网上收集需要的信息，注意如何辨别网址的实用度，区别钓鱼网站和不可靠的网址，学会安全上网
第六天	教老人熟悉一些中央和地方常用的政府官网，并从官网的各个栏目中寻找需要的信息。并将 Windows 系统的设置再次深入、详细地阐述一遍，让老人能够更好地独立掌控电脑
第七天	深入复习之前学习的所有内容，并进行微博账号、微信账号的综合整理，让老人能够独立处理网络账号的相关问题

3. 帮扶方案的实施

综合对帮扶对象测量、访谈及观察的结果，针对帮助对象存在的公共信息获取问题，帮扶者与帮助对象达成共识，在帮扶方案实施过程中，帮扶者具体要做到以下几方面：①耐心指导。根据帮扶对象的学习能力和学习需要制定具体方案，并根据实际教学情况不断调整，从而以最适合帮扶对象的方法做到高效率、高质量的教学。②注重解疑答惑。教学过程中帮扶对象提出的任何问题都要做到清楚透彻地解答，保证其能够完全、充分地掌握所学内容。③灵活教学。根据每日帮扶对象学习情况安排新的内容和复习内容，针对学习难点、重点加强练习，克服帮扶对象的记忆盲点，通过反复记忆培养帮扶对象对于电脑和网络操作的思维习惯。④系统整理。每天的教学任务完成后，系统梳理所学知识，引导帮扶对象建立起电脑和网络操作技能的整体概念，使其能够在帮扶方案结束后独立地探索新的技巧和方法。

7.3.7 信息帮扶后的信息能力评估

1. 信息帮扶效果定量分析

帮扶结束后，为考察帮扶方案对个案影响的持续性效果，帮扶者在个案接受帮扶前期、中期及帮扶后期的公共信息获取能力、电脑操作、网络使用技能进行比较，具体结果见表 7–11。

由表 7–11 可知，帮扶对象的公共信息获取能力和电脑、网络操作技能整体水平呈上升趋势。在中期，帮扶对象平均每天使用电脑和互联网的时间较前期呈现大幅提高，到帮扶结束后三天的追踪阶段，个案的信息意识、信息能力呈平稳上升状态，电脑操作的基本技能处于不断巩固中，信息能力综合得分从 9 分提高到了 67 分。帮扶方案使帮扶对象的电脑操作技能实现了零突破，并且指导帮扶对象使用网络使其在帮扶后期能够独立自主地浏览网页查找信息，扩大了信息帮扶对象的信息接触面，提升了信息帮扶对象获取公共信息的能力。

表 7-11　帮扶对象的信息能力比较结果

题号	选项			得分		
	前期	中期	后期	前期	中期	后期
1	D	A	A	0	10	10
2	C	A	A	1	10	10
3	C	C	B	1	1	5
4	B	B	A	5	5	10
5	C	B	A	1	5	10
6	C	C	A	1	1	10
7	D	C	B	0	1	5
8	D	D	C	0	0	1
9	D	C	B	0	1	5
10	D	C	C	0	1	1
				总计：9分	总计：35分	总计：67分

2. 信息帮扶效果定性分析

为了客观反映帮扶方案对帮扶对象获取公共信息和操作电脑技能的影响，帮扶者收集了帮扶对象接受信息帮扶前后各方面的资料。对相关资料进行分析，帮扶方案对帮扶对象在电脑操作、网络使用、信息浏览收集、社交网络运用等方面的影响效果，可以从以下两个方面得到反映：一是帮扶者对信息帮扶对象的直接访谈；二是帮扶者在帮扶对象学习过程中对掌握情况所做的观察记录。

帮扶后的访谈记录整理如下：

【采访者】现在能不能独立使用基本的手机上网、电脑上网功能？

【受访者】因为是才学的，多少是记得的。但是，之后可能不用的话就又忘了。不过学会了，觉得还挺有意思的，应该会经常上网看看吧。

【采访者】在学习过程中，您是一个什么样的心态，情绪又是怎样的呢?

【受访者】就觉得挺有意思的，之前当惯老师了，呵呵，这次也做一次学生。

【采访者】您现在眼中的互联网是什么样子的?

【受访者】挺不可思议的。通过互联网可以看到很多消息，还有也可以在电脑上看电视剧。没有广告，这个挺好的。

【采访者】您觉得通过互联网了解公共信息的优势和劣势是什么呢?

【受访者】优势就是信息很多，量很大；而且，很多东西比其他的平台更快。缺点就是，有的信息可能是假的，不过这个也看你这个人到底上的是什么网，去看政府的网络平台，肯定不会出错的。

【采访者】您今后是否会经常通过互联网了解公共信息?

【受访者】会。比起以前不怎么会用电脑的时候，肯定会多一些。但是，有的时候真不一定有那个心思和时间。

【采访者】您是否会希望身边更多的和您同龄的老人也学会用互联网了解公共信息?

【受访者】互联网有互联网的好处，那些和我一起玩的朋友也可以学学，尝试了解一些新的东西。

【采访者】您认为互联网公共信息平台需要改进什么地方才能更适合老年人使用?

【受访者】毕竟老年人有很多东西跟不上时代了，所以也不必为了我们就做出巨大改变。如果硬要说点儿什么，我觉得就是可以尽量简单些。老年人本来就不能接受太复杂的东西，就尽量简单儿点吧。

【采访者】您觉得公共信息除了互联网还有其他好的传播途径吗?

【受访者】时代发展得太快，你们这些年轻人的想法又多，肯定新东西还在后头，但是还是要把一些值得保持的东西保持好。

在实施信息帮扶的中后期，帮扶者还对王×莲老人在使用电脑上网的过程中的一些行为进行了随机的自然观察。调查发现，老人在使用电脑、网络基本技能方面有了明显的进步，实现了从无到有的积累，下面是具体表现。

【表现1】在教授开机、关机时，帮扶对象很快掌握了操作要领，并主动提出了自己对于"重新启动"这一功能的理解。在帮扶者阐述了开机、关机、重新启动、睡眠这几项功能的含义后，帮扶对象很快就能对何种情况下应用何种功能做出了明确区分，并主动记录在笔记本上，使当天学习的所有内容都连贯成一体，并针对自己的学习需要有所侧重。在这一过程后，帮扶者对帮扶对象的学习方法表示赞同，并鼓励帮扶对象积极探索适合自己的学习技巧，多提问题，做到不畏难、有信心。通过交流能够感受到帮扶对象对于学习电脑和网络技能的信心在逐步建立，不像一开始那样害怕无法掌握而无从下手了。

【表现2】在帮助帮扶对象注册微博账号后，帮扶者演示了如何浏览微博，如何关注感兴趣的微博账号。针对帮扶对象在获取公共信息方面的困难，帮扶者试着为其关注了一些专门发布时政新闻、地方消息方面的微博账号。此时，帮扶对象主动提出要求关注一些政府机构的官方微博，并且自行探索出了如何浏览历史消息，并结合之前教授的搜索关键字的技巧，学会了在关注的微博主页中搜索具体信息的技巧。通过完成这一帮扶方案，帮扶对象获取公共信息方面的主动性、积极性及针对性明显有所提升，而不是像过去一样做一个被动的、过时的、无法加以筛选的接受者。帮扶对象在搜寻信息方面表示出了极大的热情，也从侧面反映了之前公共信息获取渠道贫乏给帮扶对象带来的困扰。因此，这次帮扶方案后实施使帮扶对象在公共信息的获取方面迈上了崭新的台阶。

从对信息帮扶对象学习情况的观察记录来看，帮扶对象对电脑的基本操作技能和对网络的运用熟练程度，在帮扶期间和帮扶后明显高于帮扶前。

7.3.8　小结

综合以上定量和定性分析结果，信息帮扶对个案的帮助达到了预期的目标。第一，通过实施信息帮扶，增加了帮扶对象使用电脑和网络等信息设备的时间和频率，扩大了其获取公共信息的渠道，减少了其获取公共信息过程中的困难，使其对信息技术网络的掌握水平有了大幅提高。第二，从帮扶前期到帮扶中期、帮扶后期，信息帮扶对象由完全不操作电脑、零接触网络到能够掌握基本的电脑操作技能、独立运用网络浏览新闻、查找信息，这些也从一个侧面反映出，帮扶方案能够为处于信息弱势地位的老年群体提供公共信息帮扶。

7.4　案例实况记录四

信息帮扶实施者与案例记录者：张银松。

7.4.1　研究目的

研究选取了一位文化程度较低、缺乏公共信息资源获取能力、生活限制较大的农村居民，并对其进行网络知识培训、公共信息获取引导。通过对帮扶对象的访谈、观察与测量结果，旨在探索对不具有上网能力的农村居民公共信息帮扶方式，以及短期信息帮扶的实际效果检验。

7.4.2 研究方法

本研究主要采用定性研究方法探索研究个案。运用定性研究对帮扶引导前后帮扶对象的信息帮扶效果进行语言描述和分析。

本研究主要通过观察法、访谈法与问卷法等方法进行研究。研究工具：问卷、随身笔记本（访谈记录）。为了解个案在日常生活中真实的行为表现，帮扶者以细致温和的态度与对象进行交流并且耐心聆听，真实了解帮扶对象的实际困难和需要，给予他们指导和帮助。在此个案研究中，帮扶者扮演一个引导者、一个促进者的角色，对帮扶对象的行为做出客观评价，以达到研究目的。

除了与帮扶对象的日常交流以及信息帮扶，还在研究开始前和结束时对帮扶对象进行了面对面个人直接访谈。在帮扶前与帮扶后进行两次访谈，事先进行问题设计，并对帮扶对象进行提问，对访谈过程进行记录，并通过观察其情绪、表情、动作进行问题的深入性扩展，得到帮扶对象的实际情况。目的：通过访谈了解被援助者的真正困难，有利于更好的制订7天援助计划的侧重点；在帮扶后进行访谈得到帮扶对象的实际改变。通过前后两次的对比了解其通过信息帮扶后，帮扶对象对公共信息的掌握程度及信息收集能力，以及是否达到预期目标。

7.4.3 帮扶对象基本信息

田 × 霞，女，46 岁，丈夫多年前因病去世，和公公婆婆及儿子一起住在自家农田旁边一间大约 50m² 的小木屋里。家里设施简陋，只有几张简易的木板床，一台 17 英寸的电视机和一部普通的手机。公公婆婆年纪较大，并且患有高血压，需要常年服用降压药。儿子正在上高中，面临升学。全家以一亩田和两亩土地为生，田 × 霞靠在自家田地种植丝瓜、辣椒等季节蔬菜负担儿子的学费、全家人的生活费及公公婆婆的医药费。

田 × 霞因丈夫去世，独自承担全家的生活负担，生活压力大，且因长期劳累，身体逐渐出现了一些问题，心理压力也较大。由于长期心理负担过重，她还出现了心理敏感、精神脆弱、轻度焦虑，有轻度抑郁倾向，以及轻微偏执心理。

7.4.4 帮扶前的信息能力评估

通过对田 × 霞的访谈，我们了解到，田 × 霞从小在农村长大，文化程度较低。她的生活范围基本限制在本村，缺乏信息获取渠道，对于政府有关惠农政策基本不了解，偶尔通过电视新闻和广播听到一些零碎的信息。儿子上高中，寄宿在学校，一个月才回家一次。因学业繁忙，儿子也没有时间帮母亲去了解相关的农业政策。同时，因家庭经济条件限制，她无力购买电脑，即使上高中的儿子对于电脑和网络搜索引擎的操作也不太了解。尽管政府开通了门户网站、官方微博等各种信息传播渠道，她们对于政府信息的了解也相当有限，且时效性差。

作为家庭收入主要来源的季节蔬菜，因天气多变及病虫害，丝瓜、辣椒等质量和产量有所下降，而田×霞文化知识水平又较低，对于蔬菜的种植无法依靠科学知识而只能依靠经验。对政府的惠农政策，田×霞也基本不了解。加之家里条件的限制，田×霞无法像其他农户一样建大棚，只能依靠自然条件种植。因此，她家里的产量只能靠天吃饭，家庭经济压力很大。特别是开春之后蔬菜滞销情况尤为严重，前段时间雨水多，气温又快速升高，蔬菜疯长，上市时间比往年早；再加上信息流通不畅，农户们种植的蔬菜品种高度同质化，同一个品种蔬菜种植规模过大，导致蔬菜滞销，家庭收入遭受重创。田×霞的儿子彭×也因家中经济压力大，曾向家人提出辍学要求，但遭到了母亲的反对。因学习上的压力和家庭条件问题，彭×出现了学习成绩下降等问题，也多次与母亲出现过争执。

在帮扶前，我们对田×霞的信息能力进行了测量，评估项目、得分和评分依据见表7–12。

表 7–12　帮扶对象的信息能力帮扶前测量结果

评估项目	得分	评分标准
觉得公共信息有用	5	认为公共信息十分重要的记10分，比较重要的记5分，不太重要记1分，不重要记0分
电脑的了解	1	能够熟练使用电脑记10分，会简单操作记5分，知道电脑但不会操作记1分，不知道电脑记0分
打字速度	0	每分钟100字以上记10分，每分钟51~100字的记5分，每分钟50字以下的记1分，完全不会的记0分
了解百度网址	1	清楚了解的记10分，一般了解的记5分，听说过的记1分，完全不知道的记0分
搜索引擎的了解和使用	1	清楚了解的记10分，一般了解的记5分，听说过的记1分，完全不知道的记0分

续表

评估项目	得分	评分标准
网络信息的搜索和理解	0	清楚了解的记 10 分，一般了解的记 5 分，听说过的记 1 分，完全不知道的记 0 分
政府门户信息网站网址的了解	0	清楚了解的记 10 分，一般了解的记 5 分，听说过的记 1 分，完全不知道的记 0 分
政府政策信息的了解	0	清楚了解的记 10 分，一般了解的记 5 分，听说过的记 1 分，完全不知道的记 0 分
政策信息的时效性	1	能及时且全面了解的记 10 分，基本了解的记 5 分，较少了解且缺乏时效的记 1 分，完全不知道的记 0 分
市场信息的及时了解	1	清楚了解的记 10 分，一般了解的记 5 分，听说过的记 1 分，完全不知道的记 0 分
总计	10	

通过对田 × 霞的信息能力帮扶前测量发现，她对公共信息是有了解意愿的，但受文化水平和技术能力等限制，无法了解到所需的公共信息，且对公共信息的内容及作用缺乏参与和了解。同时，田 × 霞对电脑、手机等智能设备缺乏相关基础知识。

7.4.5　帮扶实施过程

第一天，带领田 × 霞到当地相关部门咨询社会保障和福利政策，以及享受政策的相关条件，帮助田 × 霞准备相关申请材料，并帮助她进行申请。

第二天，指导田 × 霞了解并使用电脑（包括电脑如何开关机等基本操作，以及互联网是如何实现共享等），告诉她如何打字、如何上网、如何使用百度等搜索引擎，了解相关政府门户网站的网址，以及浏览相关网站信息（向其介绍相关公共信息的来源及如何为自身提供帮助）。

第三天，帮助田×霞查询并了解其儿子的教育资助、教育补贴及其他教育方面的信息，并帮助其向当地教育局申请教育救助，防止因经济问题产生子女辍学等问题。

第四天，为田×霞搜索了解相关的农业惠民政策，并教她如何在网络上搜索种植各种当季农作物的方法（通过阅读文字资料以及观看视频资料），及时了解市场信息，为自己种植的蔬菜寻找市场，避免滞销。

第五天，带领田×霞去乡村图书馆，教会她如何在图书馆进行信息搜索，并向图书馆建议开设农业信息专栏，以及语音信息阅读服务。我国广大农村居民亟须获得有关切身利益的市场供求信息、科学技术信息、政策信息及致富信息等。作为信息集散地的县域和乡村图书馆，应关注农村居民的信息需求，有针对性地查找和收集适合农村居民需要的网络资源，在自设网站开设一些贴近农村居民的实用信息专栏，为他们提供如劳动就业信息、生活信息、时事信息、技术信息和培训信息等，使图书馆网站真正成为帮助农村居民的信息门户。

第六天，通过网络为田×霞寻找心理咨询师获得心理帮助，为其疏导不良情绪。为其购买励志与心理疏导类书籍，鼓励其经常到图书馆阅读一些具有心理疏导和缓解情绪的图书和杂志。还可以向其所在社区建议开设社区阅读专栏，除了提供农业相关杂志，还可以提供各种有助于预防和治疗心理障碍的读物，避免一些困难群众出现心理问题。其所在社区也可开设社区服务队，建设社工队伍，为社区困难群众提供帮助与服务。

第七天，为田×霞的儿子提供学习和心理上的辅导和帮助。高中学习负担重，心理压力大，我们利用自身积累的知识和经验，为田×霞的儿子提供学习知识上的辅导和学习压力疏导方法的建议，从长远的目标对其给予帮助。

7.4.6　信息帮扶后的信息能力评估

通过为期 7 天的帮扶计划，引导田 × 霞积极寻求公共信息资源，为其家庭发展谋福利、谋前途，教会其如何利用公共信息为生活带来实质性改变，提高自身幸福感。在帮扶结束后对田 × 霞进行了访谈，以了解其通过帮扶后在信息能力等方面的实质性改变，评估信息帮扶效果，评级结果如表 7-13 所示。

表 7-13　帮扶对象的信息能力后测结果

评估项目	得分	评分标准
觉得公共信息有用	10	认为公共信息十分重要的记 10 分，比较重要的记 5 分，不太重要的记 1 分，不重要的记 0 分
电脑的了解	5	能够熟练使用电脑记 10 分，会简单操作的记 5 分，知道电脑但不会操作记 1 分，不知道电脑记 0 分
打字速度	1	每分钟 100 字以上记 10 分，每分钟 51~100 字的记 5 分，每分钟 50 字以下记 1 分，完全不会记 0 分。
了解百度网址	5	清楚了解的记 10 分，一般了解的记 5 分，听说过记 1 分，完全不知道记 0 分
搜索引擎的了解和使用	5	清楚了解的记 10 分，一般了解的记 5 分，听说过记 1 分，完全不知道记 0 分
网络信息的搜索和理解	5	清楚了解的记 10 分，一般了解的记 5 分，听说过记 1 分，完全不知道记 0 分
政府门户信息网站网址的了解	5	清楚了解的记 10 分，一般了解的记 5 分，听说过记 1 分，完全不知道记 0 分
政府政策信息的了解	5	清楚了解的记 10 分，一般了解的记 5 分，听说过记 1 分，完全不知道记 0 分
政策信息的时效性	5	能及时且全面了解的记 10 分，基本了解的记 5 分，较少了解且缺乏时效记 1 分，完全不知道记 0 分

评估项目	得分	评分标准
市场信息的及时了解	5	清楚了解的记 10 分，一般了解的记 5 分，听说过记 1 分，完全不知道记 0 分
总计	51	

7.4.7 帮扶前后的信息能力对比分析

如表 7–14 所示，从十个方面对田 × 霞的信息能力分别在帮扶前和帮扶后进行了访谈。结果显示，田 × 霞的信息能力总得分由帮扶前的 10 分上升至帮扶后的 51 分。由此可见，田 × 霞在帮扶后，信息能力有较大提升，其中在电脑、网站信息及政府政策等方面，田 × 霞取得了较为明显地提升，达到了基本了解的状态。

表 7–14 帮扶前后信息能力对比

评估项目	帮扶前	帮扶后
觉得公共信息有用	5	10
电脑的了解	1	5
打字速度	0	1
了解百度网址	1	5
搜索引擎的了解和使用	1	5
网络信息的搜索和理解	0	5
政府门户信息网站网址的了解	0	5
政府政策信息的了解	0	5

续表

评估项目	帮扶前	帮扶后
政策信息的时效性	1	5
市场信息的及时了解	1	5
总分	10	51

通过对田×霞进行为期 7 天的公共信息帮扶发现，公共信息对于农村居民确实存在很大影响。通过帮扶前后的评估表发现，公共信息帮扶对于农村居民是有明显效果的。

7.4.8　小结

对于县域居民特别是农村居民的帮扶，不应仅停留在物质层面，除了在生产生活等物质方面予以帮扶，还应在精神层面给予他们更多的心理援助与智力帮扶。一个人的文化知识水平越高，自我修养越好，其适应能力就越强，就越能能充分了解这个社会所发生的变化，从而更好地利用社会中可以利用的资源，在不停变化发展的社会中寻找到适合自己的位置。

同时，通过对农村居民的信息帮扶，提高其信息思维能力、信息接收和处理能力、信息决断力，是本次信息帮扶的目的和意义所在。本次信息帮扶也显示农村居民的信息帮扶需要社会各界的共同努力。

7.5　案例实况记录五

信息帮扶实施者与案例记录者：杨威。

7.5.1　研究目的

本研究旨在通过对县域居民中的乡村老年人的观察和了解，为他们提供个性化的信息帮扶，使他们通过一周的学习能够正确使用基本的信息获取工具，并进一步探究这些工具能否推动乡村老年人的生活便利化和丰富化。

7.5.2　研究方法

本研究主要采用实验法、访谈法与观察法。首先，运用访谈法和观察法等了解帮扶对象的性格特征及知识接受能力，为其制定合适的帮扶方案。其次，具体实施帮扶方案，在方案实施的过程中对帮扶效果进行检测，根据检测结果确定是否需要修改或重新制定方案。最后，在帮扶期结束后，再次调查帮扶对象对信息获取工具的使用兴趣和使用能力，并根据调查结果确定此次帮扶计划的最终成效。

7.5.3　研究对象

根据访谈、观察结果，本研究选取一位叫洪×南的老人为研究对象。洪×南出生于1946年，家住××省娄底市新化县××镇××村。文化程度为小学文化，能理解基本的文字信息。年轻时，他主要通过务农获得收入，家庭条件较差，后来因意外事件导致了肢体残疾。由于年老及行动不便，他现在的收入基本来源于儿女及国家的残疾人救助金。通过与洪×南的一次谈话发现，其对公共信息尤其是特殊国家政策有一定的了解需求，但并未掌握电脑使用方法，平时主要通过观看《新闻联播》和一些社会性的节目来获取该类公共信息。

7.5.4　帮扶过程

在帮扶计划开始的第一天，用量表对洪 × 南的信息需求度及获取信息的能力进行测量，选择程度中的第一列得 10 分，第二列得 6 分，第三列得 2 分。量表及测量结果如表 7–15 所示。

表 7–15　第一次对洪大爷进行测量

评估项目	程度		
是否了解公共信息	非常了解	一般√	不了解
是否对公共信息有需求	非常需要	一般√	不需要
是否认为公共信息是有用的	非常有用√	一般	没用
是否有自己想了解但是又无法获得的公共信息	很多	一般√	没有
是否有很多获取公共信息的途径	很多	一般√	没有
是否了解电脑	非常了解	一般	不了解√
是否会打字	十分熟练	一般	不会√
是否了解较多网址	很多	一般	没有√
是否对电脑上的信息感兴趣	非常感兴趣	一般√	不感兴趣
是否能够利用电脑获取自己需要的信息	经常能	一般	不能√

根据计分的方式，可以算出该帮扶对象的得分为 48 分。根据该结果，本研究制定了提高该帮扶对象获取公共信息能力的培训方案，即指导帮扶对象了解电脑的基本知识，使其能够通过电脑获取信息。

之后，我用量表再次对洪 × 南进行了调查，调查结果如表 7–16 所示。

在这次的测量中，洪 × 南得了 80 分，有了很大的提高。这也说明这几天的信息帮扶是很有成效的。为了进一步了解培训过程中各个方面的情况，我们对帮扶对象又进行了一次访谈，下面是这次访谈的具体内容：

表 7-16　第二次对洪大爷进行测量

评估项目	掌握程度		
是否了解公共信息	非常了解	一般√	不了解
是否对公共信息有需求	非常需要√	一般	不需要
是否认为公共信息是有用的	非常有用√	一般	没用
是否有自己想了解但是又无法获得的公共信息	很多	一般√	没有
是否有很多获取公共信息的途径	很多	一般√	没有
是否了解电脑	非常了解	一般√	不了解
是否会打字	十分熟练	一般√	不会
是否了解较多网址	很多√	一般	没有
是否对电脑上的信息感兴趣	非常感兴趣√	一般	不感兴趣
是否能够利用电脑获取自己需要的信息	经常能√	一般	不能

【采访者】时间过的很快，7 天的信息帮扶工作马上就要结束了，您最大的感受是什么呢？

【受访者】我最大的感受就是学会了很多东西，我以前从没有学过这么多知识，觉得电脑真是一个很神奇的东西。

【采访者】那您觉得这些天学习的知识对您有什么帮助吗？

【受访者】我觉得这些天学习的知识对我的帮助非常大，通过这几天的学习，我大概知道了怎么使用电脑，也查询到了很多以前想知道但是无法知道的信息。我还能够用电脑来看自己想看的视频，不用每天都准点地守在电视机旁了，这对我来说是一件好事。

【采访者】很高兴您觉得我教给您的东西有用处，那么在这个学习的过程中您感到快乐吗？或者说，在这个过程中有什么事情让您觉得不舒服吗？

【受访者】总体来说我是快乐的，因为我觉得自己学到了很多一开始完全不懂的知识，有个人愿意这样细心教自己，我感到很满足。有一点儿不足就是要记的东西太多了，我觉得每天都记得很累，也很匆忙，而我能够练习的机会又比较少，所以可能很多知识我都不太熟练。要是你能事先帮我准备好那些笔记或者是再讲慢一些，给我更多自己练习的时间，我就觉得更好了。

【采访者】好的，下次我会改进的。您会不会觉得我的信息帮扶过程有些乏味呢？

【受访者】还好啊，不过这样一天下来会觉得累，要是中间能搞些什么娱乐活动就更好了。

【采访者】好的。那在这以后您会经常使用电脑吗？

【受访者】有机会的话我肯定会用的，通过对电脑的了解，我觉得我对电脑还是很感兴趣的。之前不怎么喜欢完全是因为不了解。

【采访者】您以后有什么需要帮助可给我打电话，我一定会尽我所能帮您解决困难！

7.5.5 小结

通过这次信息帮扶，可以看到乡村老年群体对信息的需求较大，但是由于种种客观条件的限制使他们不关注或者无法关注他们可能会感兴趣的信息。在这种情况下，就需要更多的人对乡村老年群体进行信息帮扶及物质援助。比如说，帮他们购买一些获取信息的设备来拓宽信息获取渠道等。在这次的帮扶过程中，我们也发现了帮扶方案的一些不足之处。因此，需要通过不断的实践去改进帮扶方案，这样才能够产生更理想的帮扶效果，帮助更多需要此类帮扶的人。

结　语

当前，世界进入信息社会。美国著名的未来学家阿尔温·托夫勒（Alvin Toffler）将人类社会的发展划分为三个阶段：第一次浪潮为农业革命，即人类从原始社会的渔猎时代进入农业社会；第二次浪潮是工业革命，通过工业革命进入了工业化社会；第三浪潮是信息革命，从 20 世纪 50 年代后期开始，信息技术推进了信息社会的形成。第三次浪潮开启一个真正的新时代……一个新信息领域与新技术领域一起出现了。"这一变化，变革了我们对世界的看法，也改变了我们连接世界的能力。"❶信息资源成了社会的基本发展资源，信息技术成了社会的关键基础设施和构成要素。然而，信息技术的发展与信息资源的分布在不同国家之间及一国内部不同地区之间通常不是均衡的。在我国，这种不均衡突出表现在城乡之间的不均衡。尽管近年来我国持续加大了对县域基层信息资源建设的帮扶力度，县域公共信息资源与信息基础设施建设得到了明显改善；但因受地域、经济、文化等多种因素的制约，我国县域信息化建设水平与城市发达地区之间依然存在差异，城乡之间信息化发展水平还很不平衡，存在信息鸿沟。信息鸿沟加剧

---

❶ 阿尔温·托夫勒. 第三次浪潮 [M]. 朱志焱，等译，北京：生活·读书·新知三联书店，1983：225.

了信息的贫富分化，导致某些县域，特别是一些乡村地区出现信息贫困问题。

习近平总书记多次强调："没有农业农村现代化，就没有整个国家现代化。如何处理好工农关系、城乡关系，在一定程度上决定着现代化的成败。要把乡村振兴战略这篇大文章做好，必须走城乡融合发展之路。要把县域作为城乡融合发展的重要切入点，赋予县级更多资源整合使用的自主权，强化县城综合服务能力。"县域是推动城乡融合发展的关键场域，发展县域公共信息服务是落实数字乡村建设的关键落脚点，是满足广大人民群众对美好生活向往的重要着力点。可见，建立科学合理的县域信息传播与信息帮扶机制，不断完善县域信息服务体系，全面提升县域公共信息服务水平，弥补城乡信息鸿沟，推动信息社会的全面发展，是实现经济社会繁荣发展不可或缺的重要组成部分。

本书聚焦县域信息传播与信息帮扶研究，在对比分析美国、英国、澳大利亚、加拿大等国家县域信息传播与信息帮扶情况的基础上，剖析了我国县域信息传播特征、县域居民的信息需求及县域公共信息服务的难点，明确了我国县域信息传播与信息帮扶的目标和原则，探索了县域信息传播与信息帮扶的方略，以及适合县域公共信息服务的关键技术和方法，提出了县域公共信息服务的实施流程和操作方式，旨在建构推动县域公共信息服务的长效机制。

我们坚信，随着乡村振兴战略、数字乡村发展战略等重大部署的持续推进，我国县域信息发展必将迎来更大的发展机遇，同时也必将会有灿烂的发展前景。因此，我们热切期盼更多学者将目光和视野投射到县域社会信息发展的研究之中，共同谱写我国县域社会发展的新篇章，从而为加速推进中华民族伟大复兴的历史进程而做出我们应有的贡献。

参考文献

[1] 中央档案馆编 . 中共中央文件选集（第 12 册）[M]. 北京：中共中央党校出版社，1992.

[2] 中共中央文献研究室编 . 十一届三中全会以来重要文献选编（下）[M]. 北京：人民出版社，1982.

[3] 中共中央文献研究室编 . 十四大以来重要文献选编 [M]. 北京：人民出版社，1996.

[4] 中共中央文献研究室编 . 十五大以来重要文献选编 [M]. 北京：人民出版社，2000.

[5] 中共中央文献研究室编 . 十六大以来重要文献选编（上）[M]. 北京：中央文献出版社，2005.

[6] 中共中央文献研究室编 . 十六大以来重要文献选编（中）[M]. 北京：中央文献出版社，2006.

[7] 中共中央文献研究室编 . 十六大以来重要文献选编（下）[M]. 北京：中央文献出版社，2008.

[8] 中共中央文献研究室编 . 十七大以来重要文献选编（精装全套版）[M]. 北京：中央文献出版社，2013.

[9]   中共中央文献研究室编 . 十八大以来重要文献选编（上、中）[M]. 北京：中央文献出版社，2016.

[10] 中共中央党史和文献研究院编 . 十九大以来重要文献选编（上）[M]. 北京：中央文献出版社，2019.

[11] 中共中央党史和文献研究院编 . 十九大以来重要文献选编（中）[M]. 北京：中央文献出版社，2021.

[12] 马克思恩格斯 . 马克思恩格斯选集（1~4 卷）[M]. 北京：人民出版社，1995.

[13] 列宁 . 列宁选集（1~4 卷）[M]. 北京：人民出版社，1995.

[14] 马克思 . 资本论（第 1~3 卷）[M]. 北京：人民出版社，1975.

[15] 毛泽东 . 毛泽东选集（1~4 卷）[M]. 北京：人民出版社，1991.

[16] 邓小平 . 邓小平文选（1~3 卷）[M]. 北京：人民出版社，1993.

[17] 习近平 . 习近平谈治国理政（第三卷）[M]. 北京：外文出版社，2020.

[18] 刘恒，等 . 政府信息公开制度 [M]. 北京：中国社会科学出版社，2004.

[19] 方晓红 . 大众传媒与农村 [M]. 北京：中华书局，2002.

[20] 谢咏才，李红艳主编 . 中国乡村传播学 [M]. 北京：知识产权出版社，2005.

[21] 薛亚利 . 村庄里的闲话：意义、功能和权利 [M]. 上海：上海书店出版社，2009

[22] 沙勇忠 . 信息伦理学 [M]. 北京：北京图书馆出版社，2020.

[23] 刘杰 . 知情权与信息公开法 [M]. 北京：清华大学出版社，2005.

[24] 岳剑波 . 信息管理基础 [M]. 北京：清华大学出版社，1999.

[25] 孙立平 . 断裂 [M]. 北京：社会科学文献出版社，2003.

[26] 谢俊贵 . 公共信息学 [M]. 长沙：湖南师范大学出版社，2004.

[27] 张维迎 . 信息、信任与法律 [M]. 北京：生活·读书·新知三联书店，2003.

[28] 方汉奇，等 . 中国新闻传播史 [M]. 北京：中国人民大学出版社，2002.

[29] 岳剑波 . 信息管理基础 [M]. 北京：清华大学出版社，2004.

[30] 苏成雷 . 传媒与公民知情权 [M]. 北京：新华出版社，2005.

[31] 郑保卫.信息化社会与公共传播 [M].北京：电子科技大学出版社，2014.

[32] 张学波.社交媒体中信息传播与用户行为研究 [M].广州：中山大学出版社，2019.

[33] 乔生.信息网络传播权研究 [M].北京：法律出版社，2004.

[34] 张照云.当前我国信息用户的主要信息行为及其发展趋势 [M].图书馆学刊，2009（10）.

[35] 胡昌平.信息服务与用户研究 [M].武汉.武汉大学出版社，1993.

[36] 岳剑波.信息管理基础 [M].北京：清华大学出版社，1999.

[37] 宁骚，李元书.政治体系中的信息沟通 [M].郑州：河南人民出版社，2005.

[38] 詹启智.信息网络传播权论 [M].北京：中国政法大学出版社，2014.

[39] 陈建龙.信息市场经营与信息用户 [M].北京：科学技术文献出版社，1994：103.

[40] 陆学艺.社会学 [M].北京.知识出版社，1996.

[41] 沈立人.中国弱势群体 [M].北京：民主与建设出版社，2005.

[42] 万鄂湘.社会弱者权利论 [M].武汉：武汉大学出版社，1995.

[43] 王思斌.社会工作导论 [M].北京：北京大学出版社，1998.

[44] 李绪蓉，徐焕良.政府信息资源开放与管理 [M].北京：北京大学出版社，2005.

[45] 罗万里，胡彬彬.信息公开时代的新闻传播立法基本问题研究 [M].长沙：中南大学出版社，2018.

[46] 黄录良."新型城镇化"与农村地区信息传播能力提升策略研究 [M].长春：吉林大学出版社，2015.

[47] 马庆国.管理统计——数据获取、统计原理、SPSS 工具与应用研究 [M].北京：科学出版社，2002.

[48] 张绍动.研究方法（第 3 版）[M].台中：沧海书局，2004.

[49] 金盛华.社会心理学 [M].北京：高等教育出版社，2005.

[50] 刘海英.大扶贫：公益组织的实践与建议 [M].北京：社会科学文献出版社，2011.

[51] 胡昌平，乔欢. 信息服务与用户 [M]. 武汉：武汉大学出版社，2001.

[52] 费孝通. 乡土中国 [M]. 北京：北京大学出版社，2012.

[53] 丁未. 流动的家园："攸县的哥村"社区传播与身份共同体研究 [M]. 北京：社会科学文献出版社，2014.

[54] 刘小珉. 贫困的复杂图景与反贫困的多元路径 [M]. 北京：社会科学文献出版社，2017.

[55] 姚慧琴，徐璋勇，安树伟. 西部蓝皮书：中国西部发展报告（2015）[M]. 北京：社会科学文献出版社，2015.

[56] 颜端武，王曰芬. 信息获取与用户服务 [M]. 北京：科学出版社，2010.

[57] 沃尔曼. 信息饥渴——信息选取、表达与透析 [M]. 李银胜，等译. 北京：电子工业出版社，2001.

[58] 三上俊治. 信息环境与新媒介 [M]. 东京：学文社，1991.

[59] 冈部庆三. 关于"信息行为调查"的预备调查研究 [M]. 东京大学新闻研究所，1987.

[60] 侯汉清. 外国图书情报界人物传略 [M]. 太原：山西省图书馆学会，1984.

[61] 芦部信喜. 现代人权论——违宪判断的基准 [M]. 东京：有斐阁，1983.

[62] 约翰·希利·布朗，保罗·杜奎德. 信息的社会层面 [M]. 王铁生，葛立成，译. 北京：商务印书馆，2003.

[63] 马克·波斯特. 信息方式 [M]. 范静晔，译. 北京：商务印书馆，2001.

[64] 西蒙·诺拉，阿兰·孟克. 社会的信息化 [M]. 施以方，迟露，译. 北京：商务印书馆，1985.

[65] 威·约·马丁. 信息社会 [M]. 胡昌平，译. 武汉：武汉大学出版社，1992.

[66] 理查德·柯伦. 地球信息增长：历史与未来 [M]. 庄嘉，译. 北京：社会科学文献出版社，2004.

[67] 戴维·加森，等. 公共部门信息技术：政策与管理 [M]. 刘五一，译. 北京：清华大学出版社，2005.

[68] 马克斯·韦伯.经济与社会[M].林荣远,译.北京:商务印书馆,1997.

[69] 约翰·基恩.媒体与民主[M].刘士军,译.北京:社会科学文献出版社,2003.

[70] 曼纽尔·卡斯特.网络社会的崛起[M].夏铸九,等译.北京:社会科学文献出版社,2006.

[71] 哈贝马斯.交往与社会进化[M].张博树,译.重庆:重庆出版社,1993.

[72] 罗伯特·W.麦克切斯尼.富媒体,穷民主:不确定时代的传播政治[M].谢岳,译.北京:新华出版社,2004.

[73] 史蒂文·拉克斯.尴尬的接近权:网络社会的敏感话题[M].禹建强,王海,译.北京:新华出版社,2004.

[74] 刘易斯·科塞.社会冲突的功能[M].孙立平,等译.华夏出版社,1989.

[75] 桑斯坦.网络共和国:网络社会中的民主问题[M].黄维明,译.上海:上海人民出版社,2003.

[76] 加布里埃尔·塔尔德.传播与社会影响[M].何道宽,译.北京:中国人民大学出版社,2005.

[77] 丹尼斯·麦奎尔,斯文·温德尔.大众传播模式论[M].祝建华,武伟,译.上海:上海译文出版社,2008.

[78] 马歇尔·麦克卢汉.理解媒介——论人的延伸[M].北京:商务印书馆,2000.

[79] 亚当·乔伊森.网络行为心理学:虚拟世界与真实生活[M].任衍具,魏玲,译.北京:商务出版社,2010.

[80] 詹姆斯·博曼.公共协商:多元主义、复杂性与民主[M].黄相怀,译.北京:中央编译出版社,2006.

[81] 王跃生.中国当代家庭、家户和家的"分"与"合"[J].中国社会科学.2016(4).

[82] 汪雷.基层政府公共信息、服务供给机制研究[J].情报理论与实践,2009(12).

[83] 张学波,马相彬,张利利,郭琴.嵌入与行动者网络:精准扶贫语境下扶贫信息传播再思考[J].新闻与传播研究,2018(9).

[84] 关琼严.属性转移、边界消弭与关系重构：当代乡村媒介空间的转型 [J]. 新闻与传播研究，2021（4）.

[85] 李乐.媒介变革视野中的当代中国乡村治理结构转型 [J]. 新闻与传播研究，2020（9）.

[86] 金恒江，聂静虹，张国良.乡村居民社交网络使用与人际交往——基于中国 35 个乡镇的实证研究 [J]. 新闻与传播研究，2020（2）.

[87] 傅海.中国农民对大众媒介的接触、评价和期待 [J]. 新闻与传播研究，2011（12）.

[88] 陈新民，王旭升.电视的普及与村落"饭市"的衰落——对古坡村大坪村的田野调查 [J]. 国际新闻界，2009（4）.

[89] 孙信茹、杨星星.媒介化社会中的传播与乡村社会变迁 [J]. 国际新闻界，2013（7）.

[90] 陈培培，张敏.从美丽乡村到都市居民消费空间——行动者网络理论与大世凹村的社会空间重构 [J]. 地理研究，2015（8）.

[91] 张建彬.中国乡镇弱势群体公共信息服务研究——基于中国两乡镇的调查分析 [J]. 图书情报知识，2011（5）.

[92] 赵媛，王远均，杨柳等.基于弱势群体信息获取现状的弱势群体信息获取保障水平和标准研究 [J]. 情报科学，2016（1）.

[93] 张靖，裴莹权.社会弱势群体公共文化 / 信息服务权利的公民权利范围归属——法律法规与学术研究之比较 [J]. 图书馆，2015（4）.

[94] 廖利香.弱势群体获取公共信息面临的障碍及对策 [J]. 农业网络信息，2015（1）.

[95] 杨诚.农村基本公共信息服务均等化标准化研究 [J]. 图书馆理论与实践，2015(9).

[96] 张玥，李明德.涉农信息传播视角下农业科普期刊融媒体发展研究 [J]. 中国科技期刊研究，2022（1）.

[97] 董超，刘笑盈.网络时代信息传播的科学哲学解释 [J]. 现代传播（中国传媒大学学报），2021（8）.

[98] 李肖瑞.浅析智能流动图书馆及其弱势群体服务 [J]. 图书馆工作研究，2015（3）.

[99] 易红，张冰，梅詹洁 . 以信息弱势群体为导向的公共图书馆信息无障碍服务探究 [J]. 图书馆工作与研究，2022（1）.

[100] 周笑冰 . 韩国政府的游戏产业扶持政策及启示 [J]. 特区实践与理论，2012（6）.

[101] 杨玫 . 电子政府与公众的信息行为 [J]. 情报杂志，2004（6）.

[102] 李红艳，冉学平 . 以"乡土"为媒：树人社会内外的信息传播 [J]. 现代传播（中国传媒大学学报），2015（1）.

[103] 郑素侠，杨家明 . 云端的连接：信息传播技术与乡村的"重新部落化"[J]. 现代传播（中国传媒大学学报），2021（5）.

[104] 李静 . 贫困地区健康扶贫政策信息传播机制研究 [J]. 图书馆，2019（5）.

[105] 谢俊贵，陈军 . 数字鸿沟——贫富分化及其调控 [J]. 湖南社会科学，2003（6）.

[106] 闫慧，刘济群 . 农村数字化贫困群体的 ICT 接受行为研究——中国六省市田野调查报告 [J]. 中国图书馆学报，2016.

[107] 于良芝，刘亚 . 结构与主体能动性：信息不平等研究的理论分野及整体性研究的必要 [J]. 中国图书馆学报，2010.

[108] 赵媛，陈曦，杨德兴 . 论弱势群体公共信息服务权益的性质、构成及其正当性 [J]. 图书馆，2016（11）.

[109] 陈婧 . 基于信息援助的弱势群体公共信息服务模式设计 [J]. 情报资料工作，2016（5）.

[110] 巩莹莹，韩佳杉，展望 . 基于信息援助的弱势群体与公共信息服务平台研究 [J]. 现代情报，2016（4）.

[111] 孙红蕾，郑建明 . 新型城镇化进程中公共信息服务平台整体架构及其运行机制研究 [J]. 图书馆，2016（2）.

[112] 周毅，孙帅 . 协同式公共信息服务——理论框架与运行规程 [J]. 情报科学，2015（11）.

[113] 刘邦凡，王栋，侯秀芳 . 我国服务型政府建设中的数字鸿沟问题及其对策 [J]. 科技管理研究，2009（3）.

[114] 张俊玲 . 面向"信息弱势群体"的公共图书馆人文关怀 [J]. 图书馆，2007（6）.

[115] 李明文.大众媒介对弱势群体的信息援助 [J]. 当代传播，2010（2）.

[116] 常文英，刘冰.网络环境中信息弱势群体信息援助模式与策略研究 [J]. 情报杂志，2011（5）.

[117] 李富林，原小玲.数字环境下高校图书馆对农村居民的信息援助 [J]. 晋图学刊，2011（1）.

[118] 陈晓.公共图书馆为信息弱势群体服务研究 [J]. 图书馆界，2008（2）.

[119] 林辉.试析图书馆对弱势群体的信息援助 [J]. 现代情报，2008（11）.

[120] 严贝妮.援助信息群体，跨越信息鸿沟：美国亚利桑那大学"知识河流"项目的思考 [J]. 图书馆杂志，2008（12）.

[121] 彭延炼.信息援助在武陵山区建设中的作用 [J]. 边疆经济与文化，2007（2）.

[122] 陆浩东，盛小平.困境与突围：西部民族地区用户信息消费的公共信息服务互动机制 [J]. 图书馆论坛，2017（9）.

[123] 李世举.少数民族地区公共信息服务体系建设的问题与对策 [J]. 当代传播，2017（3）.

[124] 经渊，郑建明.新型城镇化进程中公共信息一体化服务模式研究 [J]. 图书馆建设，2017（5）.

[125] 沈周高，张承祥.安徽大别山区信息扶贫工作思考 [J]. 中国农业学报，2009（5）.

[126] 邵云华.浙江高校图书情报工作用户信息行为研究的现状、进展和发展趋势 [J]. 2010（6）

[127] 尼珍.信息时代影响图书馆服务的因素分析 [J]. 北方文学，2010（1）.

[128] 朱婕，靖继鹏，窦平安.国外信息行为模型分析与评价 [J]. 图书情报工作，2005（4）.

[129] 石德万.信息技术的发展对信息弱势群体信息行为的影响 [J]. 图书情报工作，2008（11）.

[130] 赵荣，赵华.基于虚拟社区知识共享的市场信息行为研究——以"拼客"信息行为为例 [J]. 情报探索，2011（6）.

[131] 党跃武.信息交流及其基本模式初探［J］.情报科学，2000，（2）.

[132] 方卿.论网络载体环境下科学信息交流过程的基本特征 [J].情报理论与实践，2002（2）.

[133] 石德万.信息技术的发展对信息弱势群体信息行为的影响 [J].图书情报工作，2008（11）.

[134] 罗元鸿.基于用户信息行为的图书馆核心竞争力构建的探讨 [J].河北科技图苑，2012（1）.

[135] 姚海燕，邓小昭.网络用户信息行为研究概述 [J].情报探索，2012（2）.

[136] 邓小咏，李晓红.网络环境下的用户信息行为探析 [J].情报科学，2008（12）.

[137] 王艳，邓小昭.网络用户信息行为基本问题探讨 [J].图书情报工作，2009（8）.

[138] 张帆.关于信息分析方法论研究的几点看法 [J].图书馆学研究，2000（1）.

[139] 杨玫.电子政府与公众的信息行为 [J].情报杂志，2004（6）.

[140] 邢宇皓.国家图书馆推出首个政府信息整合服务平台 [N].光明日报，2009–05–04.

[141] 张翼燕，杨玉慧.用户信息行为障碍研究 [J].图书情报知识，2008（9）.

[142] 曹锦丹，贺伟.信息用户焦虑信息及其信息服务研究 [J].图书情报知识，2007（1）：101–103.

[143] 冯雪梅.网络用户信息检索焦虑研究 [J].图书馆学刊 2008（4）.

[144] 焦德武.政务新媒体、公共信息传播与舆论生成研究 [J].新闻界，2018（02）.

[145] 周毅，王杰.公共信息服务社会共治内涵与运行机理分析 [J].电子政务，2018（3）.

[146] 罗博，张晋朝.网络公共信息服务社会信任的影响因素研究 [J].中国图书馆学报，2017（5）.

[147] 章品，赵媛.美国信息无障碍法律法规研究 [J].情报理论与实践，2010（5）.

[148] 石怀成，黄鹏，杨志维.国外推行电子政务公共服务的主要理念 [J].信息化建设，2007（7）.

[149] 王素芳.国外公共图书馆弱势群体服务研究述评[J].中国图书馆学报，2010（3）.

[150] 张铮.浅谈区县级公共图书馆如何做好残疾人的服务工作.内蒙古科技与经济.2011（4）.

[151] 代兴安.农村档案信息资源网络共享研究[J].黑龙江档案，2014（5）.

[152] 朱笛.公共档案馆为弱势群体服务的思考[J].云南档案 2014（2）.

[153] 王永，袁伦渠.政府在公共信息服务中的定位[J].技术经济，2003（9）.

[154] 陆俊.政府公共信息服务供给机制研究[J].图书，2018（5）.

[155] 周毅，王杰.公共信息服务需求机制的构建起有效实现研究[J].电子政务，2018（10）.

[156] 严昕，孙红蕾，郑建明.新型城镇化背景下区县图书馆公共信息服务实践与思考[J].新世纪图书馆，2017（7）.

[157] 姚国章，林萍.加拿大电子政务发展规划与电子政务发展解析[J].电子政务，2009（12）.

[158] 王杰，周毅.公共信息服务模式比较研究[J].电子政务，2018（10）.

[159] 董献洲.信息可视化技术在情报分析中的应用研究[J].计算机工程与应用，2006（12）.

[160] 张俊玲.面向"信息弱势群体"的公共图书馆人文关怀仁[J].图书馆，2007（6）.

[161] 孙玉伟.用户信息行为研究的理论基础探源（下）[J].图书馆杂志，2011（11）.

[162] 刘启文.赤峰市农村综合信息服务的现状与对策[J].内蒙古农业科技，2011（1）.

[163] 章品，赵媛.美国信息无障碍法律法规研究[J].情报理论与实践，2010（5）.

[164] 文剑平，孙祯祥.和谐教育：信息无障碍与网络教育整合[J].现代远距离教育，2008（3）.

[165] 李丹.新闻出版总署：7月底前全国将建成农家书屋60万家[N].经济日报，2012–07–13（3）

[166] 杨汉祥.把什么送下乡[N].人民日报，2015–08–22

[167] 马凌.公共信息接触如何影响不同类型的政治参与——政治讨论的中介效应[J].国际新闻界，2018（10）.

[168] 沙勇忠 . 基于信息权利的网络信息伦理 [J]. 兰州大学学报：社会科学版，2006（5）.

[169] 周毅 . 基于信息权利保护的政府信息资源规划研究 [J]. 情报资料工作，2010（3）.

[170] 汤啸天 . 表达权的基本含义表达权的基本含义 [N]. 文汇报，2008-03-24（1）.

[171] 陈成文，彭国胜 . 在失衡的世界中失语——对农民工阶层话语权丧失的社会学分析 [J]. 天府新论，2006（5）.

[172] 周毅，白文林 . 数据驱动环境下公共信息服务行动的响度与逻辑 [J]. 情报资源工作，2019（5）.

[173] 吴珺 . 公共档案馆对弱势群体的信息援助研究 [D]. 山东：山东大学，2001.

[174] 王畅 . 信息焦虑量表的编制研究 [D]. 长春：吉林大学，2010.

[175] 林碧玉 . 农村信息化中移动通信服务优化研究——以中国移动"农信通"为例 [D]. 福州：福建农林大学，2013.

[176] 姜红燕 . 中美公共图书馆弱势群体服务比较的分析 [D]. 湘潭：湘潭大学，2011.

[177] 秦齐 . 中美公共图书馆为弱势群体服务比较研究 [D]. 哈尔滨：黑龙江大学，2014.

[178] 周卫妮 . 中韩信息政策比较分析 [J]. 情报探索，2011（7）.

[179] 马续补，李欢，赵捧未 . 生命周期视角下的我国公共信息资源开放政策模式研究 [J]. 现代情报，2021（2）.

[180] 白文琳，黄林杰 . 我国公共信息服务标准体系构建研究 [J]. 情报科学，2020（12）.

[181] 白芳，刘燕 . 对公共图书馆为弱势群体服务的再思考 [J]. 农业图书情报学刊，2010（6）.

[182] 杨艳萍 . 我国弱势群体知识援助的创新机制研究 [J]. 现代情报，2012（8）.

[183] 崔晓文 . 美国图书馆立法发展及启示 [J]. 图书馆建设，2008（8）.

[184] 朱颖，罗贤春 . 惠农信息乡村传播过程中的信息寻租及其效能导向 [J]. 图书馆论坛，2021（12）

[185] 孙杰贤 . 解密美国"国家宽带网络计划"——专访奥巴马政府 [J]. 中国信息化，2010（7）.

[186] 文静.公共图书馆免费开放:不能限制任何阅读者 [N].中国青年报,2011–02–19(3）.

[187] 黄蓝,罗伟雄.搭建网络无障碍平台,促进政府信息惠及全民 [J] 学习月刊,2011（4）.

[188] 谢玲.美国图书馆法概况及对我国的启示 [J].图书馆建设,2007（1）.

[189] 官凤婷.英国图书馆法发展历程与现状 [J].图书馆学研究,2009（2）.

[190] 赵永霞,田俊.信息技术嵌入的社会帮扶体系构建探析 [J].科学技术哲学研究,2017（2）.

[191] 相丽玲,郝雅玲.国家信息化战略下的信息援助项目实施效果评价——以农村居民为例 [J].情报理论与实践,2017（8）.

[192] 相丽玲,黄尧,马晓越.信息援助立法的演变与评估——迈向世界信息传播的新秩序 [J].情报科学,2016（11）.

[193] 周卫妮.中韩信息政策比较分析 [J].情报探索,2011（7）.

[194] 赵咪,马绨补,赵捧未.我国公共信息资源开放政策的协同演变研究 [J].信息资源管理学报,2020（4）.

[195] 彭兰.我们需要构建什么样的公共信息传播 [J].新闻界,2020（5）.

[196] 彭毅,袁成成.论新情境下公共信息服务发展问题的出场及其内在逻辑 [J].情报理论与实践,2020（5）.

[197] 石夫磊,高迎.公共信息传播模式与公众获取的演化博弈分析 [J].科技管理研究,2019（19）.

[198] 黄俊锋,罗梦兰,罗贤春.惠农信息乡村传播效能的提升机制 [J].图书馆论坛,2021（12）.

[199] RICHARD D. The Web of Politics:The Internet's Impact on the American Political [M]. NewYork：Oxford University Press,1999.

[200] G. DAVID GARSON. Public Information Technology：Policy and Management Issues [M]. London：Idea Group Publishing,2003.

[201] GREG R N. Government Information on the Internet [M]. Lanham，Maryland：Bernan Press，2000.

[202] BRUCE R G. Information Technologies and Social Transformation [M]. Washington，D.C.：National Academy Press，1985.

[203] LEO S，JOSEPH C. History of Political Philosophy [M]. Chicago and London：The University of Chicago Press，1987.

[204] KATHLEEN W. The Evolution of Library Outreach 1960–75 and its Effect on Reader Services：Some Considerations [D]. Chicago：universityof Illinois，1983.

[205] KATZ L S. Helping the Difficult Library Patron：New Approaches to Examining and Resolving a Long–Standing and Ongoing Problem [M]. New York：Harworth Press Inc，2002.

[206] Venturella K M. Poor People and Library Services [M]. McFarland：McFarland & Co Inc，1999.

[207] Snohomish County Area Plan on Aging 2012–2015 [R]. Washington：Information and Assistance Services & Disability Resource Centers，2012.

[208] National Council on Disability. Closing the Gap：A Ten Point Strategy for the Next Decade of Disability Civil Rights Enforcemet [R]. Community Input Draft，2000（8）.

[209] LEX F，Chairperson. National Council on Disability Cultural Diversity Initiative，Outreach and People with Disabilities from Diverse Cultures [J].A Review of the Literature，2003（11）.

[210] NATIONAL L. National Library Service for the Blind and Physically Handicapped（NLS）.[EB/OL]. [2012–5–30]. http：//www.loc.gov/nls./

[211] GITTERMAN A S L. Mutual Groups，Vulnerable Populations and the Life Cycle（Second Edition）[M] .New York：Columbia University press，1994.

[212] KUHLTHAU C C. Inside the Search Process：Information Seeking from the User s

Perspective [J]. Journal of the American Society for Information Science,1991,42(5).

[213] ATKIN C K. Instrumental Utilities and Information Seeking, New Models for Mass Communication Research [M]. Oxford, England : Sage, 1973.

[214] HAIR J F, ROLPH E A, RONALD L. Tatham Multivariate Data Analysis, 5th edition. Upper Saddle River [M]. New York : Prentice Hall. 1998.

[215] TAYLOR R. Information use Environments [J]. Progress in Communication Science, 1991 (10).

[216] BOUAZZA A. Information user Studies [J]. Encyclopedia of Library and Information Science, 1989 (9).

[217] KRIKELAS J. Information–Seeking Behavior : Patterns and Concepts [J]. Journal of Documentation, 1983 (2).

[218] DAVENPORT T. Information Ecology [M]. Oxford : Oxford University Press, 1997.

[219] DIANE H S. Evolving Perspectives of Human Information Behavior : Contexts, Situations, Social Networks and Information Horizons. In Wilson, T. & Allen, D. (Eds.). Exploring the Contexts of Information Behaviour [M]. London : Taylor Graham, 1999 : 176–190.

[220] WILSON T D. Human Information Behavior [J]. Information Science, 2000 (2).

[221] SANDIEGO COUNTY LIBRARY. Books–By–Mail [EB/OL]. [2014–05–01]. http : // www. bplonline.org/services/ booksmail. Asp.

[222] SPINK A C C. Everyday life information seeking research [J]. Library and Information Science Research, 2001 (4).

[223] KRIKELAS J. Information seeking behavior : patterns and concepts [J]. Drexel Library Quarterly, 1983 (2)

[224] BOUAZZA A. Information User Studies [M]. In Allen Kent, Encyclopedia of Library and Information Studies, New York : Marcel Dekker, 1989.

[225] WILSON T D. Human Information Behaviour [J]. Journal of Informing Science, 2000（2）.

[226] HEIDI J, JEN J L P, KATHLEEN R. Trends in Information Behavior Research, 1999–2008：A Content Analysis [J]. Library & Information Science Research, 2011（1）.

[227] CHATMAN E A. The Inpoverished Life–World of Outsiders [J]. JASIS, 1998（3）.

[228] TAYLOR R S. Information use Environments [J]. Progress in Communication Sciences, 1991（10）.

[229] MARGARET O. Momodu. Information Needs and Information Seeking Behavior of Rural Dwellers in Nigeria：A Case Study of Ekpoma in Esan West Local Government area of Edo State. Nigeria [J]. Library Review, 2002（8）.

[230] SPERBER D, WILSON D. Relevance：Communication and Cognition [M]. Peking：Foreign Language Teaching and Research Press, 2001.

[231] RIEH S Y. Judgment of Information Quality and Cognitive Authority in the Web [J]. Journal of the American Society for Information Science & Technology, 2002（2）.

[232] WILSON T D. Human Information Behavior [J]. Informing Science, 2000（2）.

[233] CHATMAN E A. Life in a Small World：Applicability of Gratification Theory to Information–Seeking Behavior [J]. Journal of the American Society for Information Science, 1991（6）.

[234] CHATMAN E A. A Theory Life in the Round [J]. Journal of the American Society for Information Science, 1999（3）.

[235] JOHN P G. Toward an Understanding of Enterprise Dementia：An Empirical Examination of Information Anxiety Amongst Public Service Middle Managers [D]. Touro：Univ, 2004.

[236] STEPHENSON G R. Cultural Acquisition of A Specific Learned Response Among Rhesus Monkeys [M]. Stuttgart：Fischer, 1967：279–288.

[237] ATKIN C K. Instrumental Utilities and Information Seeking. New Models for Mass

Communication Research [M]. Oxford, England : Sage Publications, 1973.

[238] CUTRONA C E, RUSSELL D W. Type of Social Support and Specific Stress : Toward a Theory of Optimal Matching [M]. New York : John Wiley & sons, 1990.

[239] YU W, KUBER R, MURPHY E. A Novel Multimodal Interface for Improving Visually Impaired People's Web Accessibility [J].Virtual Reality, 2006（9）.

[240] The Transformational Government Technology Policy team. E–Government Interoperability Framework Version 6.1 [S/OL].[2013–06–23].http : //www.e–envoy. gov.uk/publications/frameworks /egif4/egif4.htm.

[241] EUROPEAN U. Inclusive e–Government [EB/OL].[2013–12–15]. http : //ec.europa. eu/informationsociety / activities/einclusion/ policy/egov/index– en.htm.

[242] RAKEWON da C. E–Government for the New Millennium [J]. political communication, 2007（10）.

[243] AMERICAN LIBRARY ASSOCIATION. Office for Literary and Services. [EB/OL]. [2013–12–25]. http// : www. ala.org/ala/aboutala/offces/olos/index.cfm.

[244] SAN FRANCISCO PUBLIC LIBRARY. Government information center [EB/OL]. [2013–08–31]. http : / / / index.php sfpl.org? PG = 0200002601sl = 1.

[245] W3C Web Accessibility Initiative. Summary of User Agent Accessibility Guidelines1.0 [S/OL]. [2013 –06–23]. http : //www.w3.org/WAI//UA/WD–UAAG10 –20020708/.

[246] The Treasury Board of Canada Secretariat. Commomn Look Free Standards for the Internet [EB/OL]. [2013–04–25]. http : //www.tbs–sct.ge.ca/clf–nsi/2index–eng. asp.

[247] MOAHI K, MONAU R. Library and Information Needs of Disabled Persons in Botswana [J]. African Journal of Library, Archives and Information Science, 1993(2).

[248] WARD M A, MITCHELL S. A Comparison of the Strategic Priorities of Public and Private Sector Information Resource Management Executives [J]. Government Information Quarterly, 2004（2）.

[249] JACK G, JAMES P. Chements. Successful Project Management [M]. Ohio : South–Western College Pub, 2002.

[250] EMILE G B, REBECCA S. The Power of Being Heard : Group With Less Power Benefits More From Sharing Its Perspective [J]. Journal of Experimental Social Psychology, 2012（2）.

[251] PAUL Z.The Information Service Environment Relationships and Priorities.Related Paper No.5 [EB/OL] [2014–09–10]. http : //www.eric.ed.gov/ .

[252] American Libram Association Presidential Committee on Information Literacy, Final Report. [EB/OL] [2014–11–12]. http : //ala.orb/ala/mgrps/divs/acrl/public cations/whitepapers/presidential.cfm.

[253] DOYLE C. Outcome Measures for Information literacy within the National Education Goals of 1990. [EB/OL] [2013–08–29].http : / /www.Infolit.org/index. html.

[254] KIMMO T, REIJO S. A Social Constructionist Approach to the Study of Information Use as Discursive action [C]. Finland, 1997.

[255] CSIKSZENTMIHALYI M. Beyond boredom and anxiety [M]. San Francisca : Jossey–Bass, 1975.

[256] TAYLOR R S. Information Use Environments [J]. Progress in Communication Sciences, 1991（10）.

[257] KIMMO T, REIJO S. A Social Constructionist Approach to the Study of Information Use as Discursive Action [C]. Finland, 1997.

[258] HJRLAND B. Information Seeking Behavior : What Should a General Theory Look Like? [J]. The New Review of Information Behavior Research, 2000（1）.

[259] JUDITH R H. Socialization, Personality Development and the Child's Environments: Comment on Vandell [J]. Developmental Psychology, 2000（6）.

[260] ALLPORT. The Nature of Prejudice Reading [M]. MA : Addison–Wesley, 1954.

[261] Service Canada Implementation Team. Review of International One–stop Access Initiatives [EB/OL]. [2013–11–02].http : //www. ices–isac.org/ eng/pubs/ sw bernardi.doc.

[262] Australian Government. Centrelink Home Page [EB /OL].[2013–06–03].http : / /www. centrelink.gov. au.html.

[263] Service Canada Implementation Team. Review of International One–stop Access Initiatives [EB/OL]. [2013–11–02].http : //www. ices–isac.org/ eng/pubs/ sw bernardi.doc.

[264] US Congress. 1998 Amendment to Section 508 of the Rehabilitation Act.[EB/OL]. [2013–04–03] http// : www. Section508.gov/index.cfm? FuseAction=content& ID=14.

[265] SANDERSON–MANN J, MCCANDLESS F. Guidelines to the United Kingdom Disability Discrimination Act (DDA) 1995 and the Special Educational Needs and Disability Act (SENDA) 2001 with regard to nurse education and dyslexia [J]. Nurse Education Today, 2005 (7) .

[266] W3C Web Accessibility Initiative. Summary of User Agent Accessibility Guidelines1.0 [S/OL]. [2013–06–23]. http : //www.w3.org/WAI//UA/WD–UAAG 10 –20020708/.

[267] The Treasury Board of Canada Secretariat. Commomn Look Free Standards for the Internet [EB/OL]. [2013–04–25].http : //www.tbs–sct.ge.ca/clf–nsi/2index–eng. asp.

[268] Estela Morales. The Information Right and the Information Policies in Latin America [EB/OL]. [2013–05–09].http : //www.ifla.org/IV/fila 65/papers/056– 137e.htm.

[269] BOVENS M. Information Rights : Citizenship in the Information Society [J]. Journal of Political Philosophy, 2002 (3) .

[270] SCHAUER E. Free Speech : APhilosophical Enquiry [M]. London : Cambridge University Press, 1982.

[271] NORMAN S M. Public Access to Government–held Information : A Comparative Symposium [M]. London : Stevens & Son LTD, 1987.

[272] MANFRED B, MARTIN H. Geyer. Two Cultures of Rights : The Quest for Inclusion

and Participation in Modern American and Germany [M]. Cambridge：Cambridge University Press，2002.

[273] DAG E. The Structure of Rights in Directive 95/46/EC on the Protection of Ndividuals With Regard to the Processing of Personal Data and the Free Movement of Such Data[J]. Ethics and Information Technology，1999（12）.

[274] W3C Web Accessibility Initiative. Summary of User Agent Accessibility Guidelines1.0 [S/OL]. [2013–06–23]. http：//www.w3.org/WAI//UA/WD–UAAG10– 20020708/.

[275] CHATMAN E A. Alienation Theory：Application of a Conceptual Framework to A Study of Information Among Janitors [J]. Reference Quarterly，1990（1）.

[276] WILLIAM W. Disconnected：Haves and Have–Nots in the Information Age [M]. NJ：Rutgers University Press，1996.

[277] YU W，KUBER R，MURPHY E，et al. A Novel Multimodal Interface for Improving Visually Impaired People's Web Accessibility [J].Virtual Reality，2006（9）.

[278] National Council on Disability. Closing the Gap：A Ten Point Strategy for the Next Decade of Disability Civil Rights Enforcement [R]. Community Input Draft,2000(8).

[279] WILLIS M R. Dealing with Difficult People in the Library [M]. Chicago：America Library Assn，1999.

[280] J. A. M. van Deursen, J. A. G. M. van Dijk. Improving Digital Skills for the use of Online Public Information and Services [J]. Government Information Quarterly，2009（2）.